ERCJ選書

石松竹雄 著
●インタビュアー 安原 浩

気骨

ある刑事裁判官の足跡

日本評論社

ＥＲＣＪ選書発刊の辞

ＥＲＣＪ選書は、わが国の刑事司法や少年司法の時宜的なテーマに関する研究や、これらの分野に関わってこられた実務家、研究者及び市民の方々のドキュメンタリーを、ハンディな読み物として、読者に提示しようという目的で企画された。

刑事事件の捜査、裁判及び少年審判は、国家の統治作用の核心を占める権力作用である。わが国においても、成文法に基づいて、捜査、裁判あるいは審判とその執行にあたる矯正あるいは保護の分野に及ぶ膨大な機構が形作られ、公共の福祉の維持と個人の基本的人権の保障とを全うしながら事案の真相を明らかにし、刑罰法令を適正かつ迅速に適用実現（刑事訴訟法一条）し、また、非行のある少年に対して、健全な育成を期して、性格の矯正及び環境の調整に関する保護処分を行う（少年法一条）という理念に基づいて、運用がなされている。

このような法の運用は、かつては、警察官、検察官あるいは裁判官など、法律の専門家や国家公務員などの専門領域と認識され、国民の側からの批判や提言も行き届かなかったという印象がある。しかし、近年、裁判員制度の発足もあって、国民主権という視点からの見直しの雰囲気も生じてきた。例えば、冤罪の原因となる取調べの在り方や裁判の運営に対する批判的検討、選挙年齢の引き下げに関連して一八歳以上の者の犯罪に対する少年法の適用の有無、さらには裁判員裁判による死刑選択の当否など、刑事裁判や少年審判を取り巻く重要な論点について、広く議論が行われるようになってきたように思う。

このような状況を考えるとき、刑事法・少年法の領域を目指そうとする若い学徒の方々や裁判員になる可能性を持つ市民の人々に対して、その時々のテーマに関する研究の紹介をしたり、これらの分野に関わってきた実務家、研究者、さらには市民の方々の生きた姿をドキュメンタリーとして提示したりすることは、必要であり、また意義のあることであるように思う。たとえハンデイなものであるにしても、問題の核心を的確に捉える内容であり、また共感を呼ぶドキュメンタリーであれば、そこで得られた問題関心が、必ずや、将来に向かって、この国の刑事司法及び少年司法を取り巻く文化の内容を豊かにしていくことにつながるであろうと考えるからである。

NPO法人ERCJ（正式名称は、特定非営利活動法人 刑事司法及び少年司法に関する教育・学術研究推進センター）は、二〇一三年六月二〇日、東京都から設立認可を受けた。ささやかながら、日本の刑事司法及び少年司法のレベルアップを目指して、法人自体で研究・出版等を行うほか、優れた研究業績の顕彰、出版助成、各種研究会・講演会等の企画援助などを行ってきた。

今回の企画は、そのような事業の一環として考えられたものである。今後も、手軽に読めて、内実が豊かであるような書物を送り出したいと願っているので、読者のご支援をお願いする次第である。

二〇一六年八月一五日

特定非営利活動法人 刑事司法及び少年司法に関する教育・学術研究推進センター

理事長　守屋　克彦

気骨——ある刑事裁判官の足跡［目次］

はじめに

少々異例のことかもしれないが、冒頭に本書刊行の経緯を述べておきたい。

本書の発端は、今からして四〇年以上も前に遡る。故網田覺一元裁判官（以後敬愛の情を籠め、原則として網田さんと呼ばせていただくこととする）の経歴、殊に裁判官としての経歴は、大変波瀾に富んだものであり、その一生を貫いた精神は、「真実一路」であった。ご自身、その晩年の論文「裁判の独立と裁判官」（真野毅編著『裁判と現代』一九六四年、日本評論社所収）の冒頭において、「真実一路、それは私の人生哲学である。その道は狭く嶮岨である。したがって、この道を行く人は少ない。」と書いておられる。また、網田さんは、膨大な読書量に裏付けられたものであるが、談話による説得に抜群の能力を有しておられた。そこで、網田さんの談話を文字にして残そうと試みられる幾人かの法曹がおられた。

その中で、直接網田さんの声咳に触れて感銘を受け、その事業に熱心に取り組んでいた弁護士辛島宏（一九期）・安木健（二〇期）の両氏が、昭和五三年、当時所属していた、なにわ共同法律事務所の代表者鬼追明夫弁護士の協力を得て、網田さんからの聴き取りを計画し、同年五月から昭和五八年一〇月までの間、一二回にわたり、高野山の宿坊などで網田さんから詳細な聴き取りを行った。鬼追弁護士も、勿論何回か出席しておられ、筆者も一、二回出席させていただいた。その結果は、すべて録音テープに収録されており、この録音テープに基づいて、網田さんの語録を作成し出版する計画が立てられた。

網田さんは、この計画が実現される前、平成元年一〇月一七日逝去された。その葬儀に際し弔辞を捧げた筆者は、その中で、辛島、安木の両氏が故人の語録を纏めて出版し霊前に捧げる予定であることを報告した。ところが、網田さんの語られるのを直接お聞きすると大変面白く頗る説得力に富むが、その録音をそのまま反訳したのでは、独特の関西弁による談話に備わった迫力が失われ、第一、標準語に慣れた人にとっては意味を正確に把握することが困難である場合すら少なくない。網田さんの表現の魅力を失うことなく正確にその真意を伝えるには、大きな困難が伴うことが判明した。そういうこともあって、弁護士として多忙な両氏は、到底自分たちでこの事業を実行することはできないことから、筆者がこれを引き継ぐことになったが、何分老齢の筆者にとって難事業であることは、辛島・安木両氏の場合に勝るとも劣らぬものであった。辛島さんと元裁判所速記官の春名邦子さんのご尽力によって録音テープからの反訳は完成したが、筆者の魯鈍と老妻のパーキンソン病罹患などもあって、いたずらに年月を重ねるだけであって、執筆は遅々として進まなかった。

それでも気の遠くなるような年月をかけて、ある程度纏めた原稿を作ることができた。しかし、上述したように、十回以上にわたり機会を異にした網田さんの回顧談を纏めて表現しようとすると、談話としての面白さが失われ、ある程度忠実に再録したのでは、やはり間延びした感を免れ得なかった。また、法曹界の事情がすっかり変わった現在の読者にどこまで受け入れられるかという問題もあった。

そこで、本書の出版を引き受けていただいていた日本評論社の串崎浩社長に相談した結果、むしろ筆者の自伝を書き、それに網田さんの談話を織り込んで、わかりやすいものに纏めてみてはどうか、という示唆をいただいた。ところが、すでに老耄の年齢に達している筆者にとっては、これもまた難事業であった。それを乗り越え、平凡な一法曹として人生を終えようとしている私のような人物の生き様を残すことに何ほどの価値があるかという考えに悩ませられながら、網田さんという不世出の裁判官の勝れた足跡と、拙いながらも激動の時代を少なくとも主観的には真摯に生きた一法曹である私の生き様を残しておくこともあながち無駄ではあるまいと考えて筆を執ったのが本書である。ただ、読み返してみると、繁簡不統一まとまりのないものになってしまったが、これも一つの歴史的産物と考えて出版に踏み切った。

幸いなことに、串崎社長のお膳立てにより元裁判官の安原浩弁護士と筆者との対談が実現し、同氏の巧みなリードによる談話を私の原稿に挿入することによって、内容を一段と豊かなものにすることができた。

第一章　プロローグ——網田さんと筆者との出会い

成人後の私の職歴は、裁判官約四〇年と、その定年退官後に続く弁護士約二五年という法曹生活によってほとんど埋め尽くされる。その中心をなすのは、言うまでもなく裁判官生活であるが、裁判官生活に舵を切るについては、網田さんとの出会いが大きな契機となった。そこで、まず私にとって衝撃的であった網田さんとの出会いから筆を進めることにする。

網田さんと筆者が初めて顔を合わせたのは、今から六八年ばかり前に遡る。昭和二三年四月に採用された筆者ら二期司法修習生は、当時東京都千代田区紀尾井町に建てられた司法研修所の建物が完成していなかったため、とりあえず各実務修習地の地裁に配属されることになった。紀尾井町の司法研修所の建物は、現在和光市にある司法研修所の建物の先々代の建物で、戦前行政裁判所のあった地に戦後新築されたものである。このような事情で、修習地を大阪と定められた筆者らは、とりあえず全員大阪地裁の各刑事部に配属された。私の記憶に間違いがなければ、私の配属された第一刑事部では、総括裁判官（裁判長）が間もなく大阪高裁に転出され、その後に形の上で総括裁判官として着任された上席裁判官（所長代行）のもとで、事実上裁判長の仕事をされるようになったのが網田判事であった。

そのころ私は、まだ進路を決めていなかった。当時、大阪の弁護士事務所でいわゆる「イソ弁」を雇う余裕のあるところは、皆無に近かったように思うし、次に述べるような事情で判事補になるのも気が進まなかった。そのような状況下で、筆者が判事補任官を決意するようになったのについては、同判事との出会いが決定的ともいえるような契機となった。かつて、筆者は、そのことについて次のように述べたことがあった。

「闇米を口にしなかった山口判事の死が報ぜられたのは、私が司法修習生になる若干前ではなかったかと思いますが、同判事の死は、司法修習生になろうとする私、そしてそれまで散々闇食糧を食い現に食って生活していた私にとって、一つのショックでした。あまり深く考えたわけではありませんが、この事件を知ってから、闇米を食いながら闇を処罰するわけにはゆくまい、少なくとも闇物資のお陰で生活を維持しながら、裁判官をするのは気が進まないな、という思いを強くしながら修習生になった次第です。それが後に裁判官志望に変わるについては、若干の経緯がありました。（中略）戦後司法制度の改革、具体的には裁判所法の施行に伴う経過措置として、当時地裁合議部にはまだ多数の統制違反の控訴事件が係属していました。（中略）地裁合議部に係属中のこれら統制違反の控訴事件の被告人も、ほとんど零細商店主か行商人でありました。その公判廷で、網田裁判長とこれら被告人との問答は、次のようなものでありました。

問『同業者は闇をやっているか。』

答『はい皆やっております。』

問『皆捕まるか。』

答『いいえ、捕まったのは私だけであります。』

問『君、人づき合いが悪いのと違うか。』

答『そうでもないと思いますが。』

裁判長『これから、見つからんように闇をやれよ。』

そして、判決の結果は、ほとんど罰金で執行猶予付でありました。（中略）私はこれを見聞して、これなら、裁判官になって刑事事件を担当させられても、闇米を食いながら裁判をやれるな、と思ったことでありました。そして、このことを契機として、私の志望が次第に裁判官に傾き、固まっていったように思います。網田さんという方は、大変な読書家でありまして、一見奇抜なその言動も膨大な読書と思索に裏づけられているのでありますが、この法廷問答も、人を生かすためにこそ法はあるのであって、それを守ることによって人が死を選ばねばならぬような法の順守を人に要求することはできないという確固たる信念に基づくものと見受けられました。」（石松竹雄「裁判官生活四〇年の終りに」判例時報一三五一号三頁～一〇頁（一九九〇年）、石松竹雄『刑事裁判の空洞化——改革への道標』（一九九三年、勁草書房）所収）。

ちなみに、現在では、五〇万円以下の罰金の場合に執行猶予に付することができるが、この当時は、昭和二二年一〇月二六日法律一二四号による刑法改正の結果、はじめて五〇〇〇円以下の罰金刑に執行猶予を付することもできるようになった直後のことであった。

もう少し網田説示を付け加えると、当時は、集団強盗事件が多発していた。その中には、軍隊から復員して内地に帰ってみると家は焼け、親兄弟の行方もわからないという境遇から、浮浪生活を余儀なくされたようないわゆる復員くずれの人達も多数含まれていた。これら強盗事件の被告人に対して、網田さんは、判決言渡しに際し（中には執行猶予付き懲役刑も含まれていた）、「出所したら見つからんように闇でもやって儲け、強盗だけは止めよ」としばしば説示しておられた。

このようにして判事補への道を選んだ筆者は、判事補の一〇年間大阪、神戸の裁判所に勤務して判事に任官し、釧路地方・家庭裁判所に二年間在勤した後、昭和三七年春、再び大阪地裁に転任した。このとき配属されたのが網田さんが総括裁判官（裁判長）をされていた第三刑事部であった。その約一年後、後に述べるような経緯で網田さんは退官された。そのため網田さんと同じ部で仕事をしたのは、この一年足らずの間だけであったが、ここでも網田さんから大きな影響を受けることとなった。

◎網田裁判官と刑事裁判

安原：本書誕生のいきさつは、ご自身がお書きになっているように網田さんの紹介でした。網田さんという類まれな刑事裁判の裁判官がいたということを書きたかったということでしたが、その後の経緯から石松さんの生き方を加えたような内容になっています。そこで、本書の中で、石松さんが何を一番言いたいのか、ということをうかがいたいのですが。

特に若い世代に、これだけは刑事裁判官として伝えたいというのはどのようなことでしょうか。

ちなみに私が本書に仮にタイトルをつけるとしたら『刑事裁判を生き抜く』というようなイメー

ジのタイトルが良いじゃないかと思っていますが。

石松：なにぶん僕は裁判官になろうと思って司法修習生になったわけじゃなく、あとで自然に、裁判官になったので、あまり気負った気分になったことはないように思う。ただ裁判官生活を通じて常に心掛けたのは、刑事被告人の人権をいかに守るかっていうことでしょうね。そういう視点が今の裁判官にはあまりないように思います。それからもう一つ付け加えれば、今の裁判官には被告人の家族とか親族に対する配慮なんて全然ないようですね。被害者に対する配慮が前面に出すぎて、刑罰を受けるのは被告人であることが忘れがちであるように思います。

安原：それは自分の身近な人が刑事被告人になった、網田さんが被疑者になったという経験がやっぱり大きいのですか。

石松：それはあるでしょうね。刑事裁判というのは被告人の責任がどうかということを決める、追求するというところであって、本来、被害者の問題を解決するところではないはずなんですよね。それは僕の考え方ですが。そうするとやっぱり被告人の人権ということが一番重視されるべきだし、それと同時に被告人の置かれている環境に対する考察が大事で、そのためには被告人の家族とか親族とかについて配慮することも重要なんです。

安原：それからもう一点。石松さんが書かれたものを読ませていただくと、結構無罪判決に関してても司法問題に関しても反権力的考えが出ていますね。長いものに巻かれろという考えは一切ないですよね。

石松：反人権に対して人権を守るっていうことは結局、反権力ですよ。一番の人権侵害の張本人はやっぱり国家権力ですよね。警察、検察によって代表される国家権力の乱用であって、それに対してやはり抵抗するっていうことは当然でしょう。僕は刑事裁判をやっていれば、そこに落ち着くように思うんですけどね。

安原：なるほどね。そこで繋がっているわけですね。

石松：そう。若い人には、刑事裁判の本質は権力批判であるという観念はあまりないようですよね。僕が若い人に一番伝えたいことは基本的な姿勢として刑事裁判は権力批判ということかな。

安原：刑事裁判は権力批判というのはどういう意味ですか。今おっしゃった被告人の人権を守るということですか。

石松：守るということです。わたしの立場では、被告人の人権を守るっていうことになりますから。

安原：それは警察や検察が起訴してきたものに対して、疑いをもってかかれという趣旨ですか。

石松：勿論そうですよね。

安原：私が刑事裁判を最初に希望した動機は今おっしゃったことなんです。しかし、実際の刑事裁判は、ほとんどそういうことが場面として出てこないんですよね。多くは認めている事件で、頭下げて刑を軽くしてくださいというようなものです。つまり権力批判だということを観念していると、なかなかそういう事件にあたらないなと感じます。特に大阪とか東京にいるとそういう事件が結構あるでしょうけど、地方なんかまわっているとそんなにはないんじゃないかと思いますが、どうでしょうか。

石松：たしかに自白事件が多いのは事実ですよね。しかしその事件の中でもやはり権力によってどういうふうに扱われているかという問題はあるんですよ。それを突き詰めて考えていく必要あると思いますよね。

第二章　生い立ちから司法修習生となるまで

まず、司法修習生になるまでの私の経歴を簡単に述べておくこととする。

一　私の生い立ちと祖父、父のこと

1　私の生い立ち

筆者の生年月日は大正一四年三月二八日（明治三五年一〇月生まれの網田さんとは、二二年半ばかりの開きがある）、大正デモクラシーの末期である。末期であることを象徴するように、その年に、普通選挙法（勿論男子だけの）が成立する一方で、治安維持法が成立した。

筆者は石松姓であるが、祖父母以降石松の血を受けた者は誰もいない。祖父石松勝一は、旧姓神奈川勝一、石松家の養子となった。祖母石松サダも新庄家の出である。この祖父母にも実子がなかった。そのため祖父母は、神奈川リエ（勝一の姪）をその少女期に養女とし、後に筆者の父義雄（旧姓安倍）と婿養子縁組をした。義雄・リエ夫婦は、二男三女を儲けた。筆者は、第四子二男である。

筆者の出生地は、当時父の勤務地であった大分県宇佐郡四日市町（現宇佐市）であるが、父の転勤に伴い生後すぐに中津市金谷の本宅に移り、ここで生活していた祖父母と、両親兄弟とともに同居し、ここで幼少年期を送ることになった。兄は、筆者より一二歳年長で当時すでに中学生であり、筆者との間には姉二人がいるだけだという年齢、性別の関係から、孫のうちでも私が特に祖父に可愛がられる存在になったようである。

2　祖父石松勝一

祖父（安政元年生まれ）は、旧中津藩の下級士族の出であるが、同じく下級士族の出であった福沢諭吉のグループとは対照的に国学派の塾に学び、後西南の役に際して組織された国学派の増田宗太郎（福沢諭吉の甥）を盟主とする中津隊に属した。もっとも、この一派も旧士族の貧窮化を経験した明治一〇年前後の時期には、かなり左傾化して自由人権派の片棒を担いでいたようである。中津隊の本隊は、西南の役の途中から西郷軍に投じ、最後まで行動を共にし、自決して終わったが、川村矯一郎を指導者とする祖父や村上一策、岡部伊三郎ら数名の隊員は、別動隊として、土佐立志社の有志と連携して挙兵と政府大官の暗殺を企てたが（いわゆる土佐立志社事件）、実行前に発覚し、陸奥宗光（紀州）や土佐の大江卓、林有造、岩神昂らとともに検挙され、大審院において処断された（土佐立志社事件の簡単な文献として、大島太郎「立志社・陸奥宗光ら陰謀事件――壮大な夢と現実」我妻榮編集代表『日本政治裁判史録　明治・前』（一九六六年、第一法規出版））。

以下に、祖父に対する判決書（申渡）を掲げておく。

「申渡

大分県豊前国下毛郡中津金谷村住
大分県士族　石松勝一

其方儀明治十年鹿児島賊徒暴挙の時に際し川村矯一郎の教唆に従ひ村上一策と謀り重臣を暗殺せんと企てし科に依り除族の上禁獄七年に処すべき処軽減すべき事情あるを以て除族の上禁獄一年申付候事

明治十一年八月二十日
大審院　㊞」

祖父と筆者（1歳2か月）

旧中津藩士では川村矯一郎が最も重く、禁獄二年、村上一策は禁獄一年、岡部伊三郎は無罪であった。土佐側の刑は重く、大江卓、林有造、岩神昂等禁獄十年であり、陸奥宗光は禁獄五年であった。旧中津藩士らの刑が非常に軽かったのは、彼等が政府の密偵であったからだという説があり、上記大島論文もこれに依拠し、また、増田宋太郎について松下竜一が書いた『疾風の人――ある草莽伝』（一九七九年、朝日新聞社）

にも、「積年の同志川村矯一郎は、果たして政府の密偵に変じたのであったろうか。もしそれが本当であったのなら、宋太郎がその頃もはや血煙の戦線を馳駆していて、川村らのその後を知るべくもなかったことを、さいわいとせねばならぬ。」と書かれている。

祖父が政府密偵説を否定していたことは勿論である。その解明のため、福沢諭吉や旧中津藩主に依頼するなどの行動をとったことがあったようであるが、諸事情から資料がかなり散逸しているのが残念である。松下竜一氏が『疾風の人』を書く際、同氏から、どこで知られたかわからないが、未公表の福沢諭吉の石松勝一あての書簡を所持しているのではないか、という電話をいただいた。筆者も、たしかに中学生のころ福沢さんの祖父あての書簡を見たような記憶があったが、どうしても見当たらないので、そのようにお答えした。実は、第二次世界大戦の終結の直前のころ、火野葦平氏が西日本新聞に中津隊という小説を連載されていたが、その際、父が火野さんに祖父関係の資料をお渡ししたようである。その中に福沢さんの書簡があったかもしれないが、勿論確実な話ではない。祖父が死亡したとき、筆者は旧制高校に進学したばかりであり、祖父から当年の事情を直接詳しく聴取する機会はなかった。サンデー毎日一九三六年一二月一三日号に「生きている歴史・大西郷とその行を共にした西南役の中津隊・石松翁が語る当時の秘話」(対談者松前治策)というかなり長文の記事がある。およそ故老の話には資料的価値はないというのが歴史学上の常識であるが、この記事からは政府の密偵というような負い目は毛頭感じられない。静岡監獄で服役した川村矯一郎が出所後、程なく同監獄の副典獄次いで典獄(刑務所長)となった点もスパイ説の根拠に挙げられているようであるが、同人が開放処遇の先駆者として更生保護史に名を遺していること(安形静男「更生保護史の人びと③川村矯一郎」更正保護第二四巻第一〇号四〇頁（一九七三年））から考えても、スパイのなれの果てとは筆者には到底思えないのである。祖父に至っては無骨一点張り、職に就いても衝突続き、スパイなど到底できる男ではなかったとしか思われない。

では、何故中津藩士の刑が軽かったのか。土佐立志社が、思想的にも人的規模においても、明治政府の脅威であったのに対し、本隊が西郷とともに城山の露と消え、格別思想的な蓄積もない中津隊の残党数名のごときは政府の歯牙にもかけない存在であったことがその理由であることに疑いはないと、筆者は考えている。

熊谷克己『増田宋太郎伝』（一九一三年、二豊新聞社）の付録「扇城烈士伝」（扇城は中津城の別名）の石松勝一の項の一部に、「勝一の法庭に立つや、答弁明晰、滔々政府の秕政を指摘し、頗る其の肯綮に中るものありしと云ふ。蓋し彼、若くしてルウソーの民釈書を読み、加藤弘之の国法沸論（筆者注、一八七五年（明治七年）刊行の国体新論を指すのであろうか）を読む。故に論議する所、自ら激烈なるを免れず、時の裁判官玉乃判事をして屢々巻舌せしむ。故ある哉。」という記載がある。はなはだ誇大で、孫の筆者も苦笑を禁じ得ないが、かつての国学派も多少は西洋思想に触れていたのであろう。

前述したように、筆者は、中学入学までの幼少期に祖父（筆者の出生時には満七〇歳）に可愛がられた。もっとも、可愛がられたといっても、貧困であったこともあって、記憶に残っているのは故老の宅にしばしば同伴されたり、金のかからぬ物見遊山に出かけたことの他は、日本外史や十八史略の講義を受けたり、よく碁盤の前に座らされて、少々目の薄くなった祖父のために新布石（畏友木谷明元判事の尊父がその創始者の一人である）華やかなりし頃の新聞碁を碁盤に並べさせられており、そのため筆者は小学上級生のころには一応囲碁を打つことができるようになっていたことぐらいである。そのため、中学以降漢文の授業には全く苦労しなかったし、その後囲碁にあまり熱中したことはないが、今でも素人仲間の笊碁では結構通用する。

3　父石松義雄

父義雄（明治一八年六月三日生まれ）の出生地は、大分県宇佐郡西馬城村字熊（現宇佐市）であるが、第二次世界大戦の終戦まで電灯のなかった僻地である。父は、異母弟妹を含めて八人兄弟の第三子二男である。小学校（当時義務年限は四年）卒業後、中津に出て、某弁護士の事務員（勿論兼家事使用人であろう）として働いているうちに、その弁護士とともに政治活動をしていた筆者の祖父の眼に止まり、祖父母とその養女の母と父との間で婿養子縁組をし、ここで石松家はようやく子どもに恵まれることになった。弁護士事務所に勤めた父は、法律家になることを夢見たようである。しかし、小学四年終了の学歴しかないのにいきなり弁護士というわけにはゆかない。そこで、試験を重ねて、代用教員から初めて小学校の教師となり、法律家になる機会を失したまま、事実上定年まで教員を続け、晩年七年ぐらいは中津市内の小学校長をしていた。父は不満であったようであるが、子の私から見ると、父は教育者のほうが向いていたように思う。毎年正月二日には、何代にもわたる教え子たちが続々と押しかけ、子の私などは狭いわが家に居り場がなく、外をほっつき歩いていた記憶が残っている。

◎祖父母、両親について思う

安原：おじいさんの明治前期の頃の活動、これはいつごろ歴史を調べられたのですか。

石松：歴史は特に調べたのではなしに、うちに資料があるもんだから、それを見ただけ。

安原：それはいつごろですか。

石松：それはここでちょっと書いてあるサンデー毎日に書かれたのが昭和一一年だから、私が小学校の六年生のときですかね。その頃からもうだいたい祖父がどういう人かはわかっていました。

安原：中津では福沢諭吉のような有名人がいて、石松一派が白い眼で見られる雰囲気はなかったんですか。

石松：それはないですわ。西南戦争以後、旧士族は一体ですわ。

安原：おもしろいおじいさんの経歴が自分に何か影響しているかということはありますか。

石松：まあ、影響しているんでしょうね。

安原：詳しく一生懸命書かれたところを見ると、何かあるのでしょうね。それはどんなところですか。

石松：やっぱり、かっこいい言葉で言えば信念を曲げないというところですかね。そんなに大げさに考えていたわけじゃないんだけど。やっぱりそういうのは影響を受けているんでしょうね。祖父にどれほどの信念があったかわかんないんですけど。やっぱり自分の信念を曲げたくないっていう気持ちはあったでしょうね。

安原：その次にお父さんの思い出がいくつか書かれています。お父さんは弁護士になりたかった思いがあるということですが、お母さんはどんな方だったですか。

石松：これはもうおとなしい一本です。士族社会にいる昔の女の人です。

安原：お母さんは家庭や家族のことに口は出さない方だったのですか。

石松：よく母親について、母親をだましたつもりだったのに、母親はとっくに見抜いていたとか、聞きますけどね。わが家では、そんな事態を招くような経済的余裕はなかったですね。病弱であった小学生のころは母に随分心配をかけたと思いますが、母から何か言われた記憶はないですね。ただ、後年、僕が結婚をするときに、あまり突飛な結婚式をするなという忠告を手紙で受けました。とにかく従順な家庭婦人ですよね。

安原：お父さんはある意味では、弁護士になれなくて挫折というような経験もあったようですが。お母さんのほうがそういうことには淡々としておられたわけですか。

石松：まあ私に物心がついてからは、ずっと父に従っていただけでした。親父は養子だったけど私が知ってからは亭主関白ですからね。もう女房を殴るなんて当たり前のところがあって。うちの兄嫁が大阪のインテリの娘なもんだから、「お父さんはたいてい良い人だけど、どうしてお母さんを殴るんでしょうか」って言っていました。親父はね、嫁の前では母親を殴るようなことは控えていたんだけど、どこかでやっぱり垣間見たことがあるんですな。そういうことを漏らしていたことがある。

安原：それについて、石松さんはどういうふうな思いでしたか。

石松：僕はそういう家庭に慣れているけど、あんまり良い感じはしなかったですよね。やっぱり僕らの世代はもうそうではなかったから。これは網田さんの部での判決のときに、網田さんは女房を何回殴ったか、わからんと言っていましたが、僕は、それを聞いてうちの親父も同じだったなあって思いました。僕はそういう世代ではないですから、良い感じはしないですよね。とにかく母親は地味な存在でした。

安原：お母さんの影響を受けたと思うところはありますか。

石松：地道なところでしょうね。あまり表に出して言うようなことはなかった人ですから。今の母親みたいに「勉強せえ」なんて言われたことは一回もないです。

安原：でもお父さんは勉強してちゃんと良いところへ行けって言っているわけですよね。

石松：親父はどこにどういうふうに行けっていうことは言ったけど、「勉強せえ」って言われたことはあまりないな。

安原：お母さんもそういうことは言われたことはない。

石松：というのは、学校に進学しなけりゃ仕方がない家庭なんですよ。貧乏士族の家はね。

安原：せっせと勉強せいと追い立てられることはなかったわけですね。

石松：追い立てられたことはない。それから親やきょうだいに勉強を教えてもらったこともない。

二　筆者の経歴

1　旧制高校入学まで

中津の金谷は、下級武士の屋敷街であった。現在、その金谷上の丁が武家屋敷跡として保存措置が講じられているようである。筆者の育った金谷森の丁は、より下級武士屋敷の面影を残した土塀の街であったが、昭和二〇年夏の山国川の氾濫による水害のため土塀が崩壊して無残な姿となった。筆者の幼少時代この町は、老人の町であった。就労年代の夫婦とその子どもが同居しているのはわが家だけであった。他家の子どもと遊ぶ機会はなく、子どもの病原菌から隔離された状態に置かれていたため、風邪一つ引いたこともなかったようである。ところが、小学校に進学すると同時に環境は一変し病原菌にさらされることになった。抵抗力のない筆者は病欠を繰り返し、小学校五年までは、毎年二か月ぐらい学校を欠席した。五年生のとき、あまり長く欠席するので、担任の先生が「石松君どうしていますか」というテーマで書いた級友の綴り方（作文）を届けて下さったことがあった。大事に残しておいたつもりであったが、水害や戦後の転居などの間になくしてしまった。思えば良き時代であった。六年生になってようやく環境に慣れたのか、数日の欠席で済んだように記憶している。

筆者の小学校入学の昭和六年九月に柳条湖事件（満州事変）が起こり、翌昭和七年一月には上海に飛び火し（第一次上海事変）、いわゆる十五年戦争の幕開きとなった。事変はそれほど長期化せずに終息したが、同年三月満州国建国宣言、同年一〇月にはリットン調査団、日本に報告書を通達、翌昭和八年三月、日本の国際連盟脱退通告と、わが国は国際的に次第に孤立化することになった。そして、国内でも、昭和一一年二月には、皇道派青年将校による二・二六事件により、東京市に戒厳令が布かれるという事態になった。小学生であった筆者は、これらの事件の意味をかれこれ考えるには、まだ幼な過ぎ、「敵中横断三百里」といった読み物に血を湧き立たせるだけだったように思う。

中学入学の年、昭和一二年七月、盧溝橋事件が勃発し、政府の不拡大方針の宣言をよそに、軍部の独走により、事態は対中国の全面戦争になった。中学入学は、それまで虚弱児童であった筆者の健康状態を一変させた。身体が同年輩の者との集団生活に慣れてきたという背景事情があったのかもしれないが、それよりも時局の動向が、この少年に強健な身体を持たなければこの世に存在する価値がないという観念を植え付けたことが原因であったと思う。入学後すぐにある級友と相談して剣道部に入部し、以後四年終了まで一日も練習を休んだことはない。学校も皆勤で欠課も全くない。それに加え、日曜休日には、わが家で管理していた親類の二百坪ばかりの土地での野菜作りに熱中し、京都の種苗商から種を取り寄せるようなことまでやっていた。これを知っていた担任の教師が、五高受験の際内申書に趣味を園芸と書いてくれた。入学試験の面接の際、早速趣味は園芸ということだが、菊の花でも作るのかね、と聞かれたので、いや私の趣味は大根や白菜です、と答えたら、何も追及されることなく済んだ。以後公式に趣味を聞かれるときは、常に園芸（野菜作り）と答えてきた。今でも狭い庭の一部で少しばかり野菜を作り続けていて、決して虚構の趣味ではない。

このような中学生活の結果、筆者の身体は見違えるように健康になった。その反面、自宅での勉強に当てることのできる時間ははなはだ短くなり、その結果、要領よく試験を受けて済ます技術が自然に身にしみついてしまった。後にも触れることになると思うが、その傾向は、旧制高校、大学の経験を通じてますます顕著となり、終生筆者を支配することとなった。すなわち、主観的には、思索を深め、事理を究めて事を処理したいと思わないわけではないが、実際には通り一遍の思考だけで要領よく事を処理してしまう癖がついてしまったように思われるのである。

中学四年の終わりになって、すでに強度の近視眼であった私は、受験するとすれば、旧制高校以外に目標はなかった。私をまだ虚弱児童の続きと考えていた父は、高校受験などまだ早いと言っていたが、近くに居住していた英語の教師（野菜の競作の相手でもあった）が説得してくれて、受験は許された。ところが、受験させるということになると、父は、法律家になりたかったという果たせぬ夢を息子の私に託し、受験は許すが文科へ行けと要求し、事情あって父の希望に反して理科に進んだ兄（当時ある研究所に勤務し、すでに結婚していた）まで、父と共同して文科説を煽った。私は、五高の文科と三高の理科の願書を取り寄せて少々迷ったが、何分苦しい家計のもとで遊学させてもらえることを考え、少なくとも今回の受験だけは父の意向に従うこととした。受験前、化学の教師から、「文科に行くんだってね」と意外そうに言われたので、「父の手前、今回だけ文科を受験しますが、きっと落第しますので、来年は理科にします」と答えた記憶がある。何分田舎の中学で、四年からの高校入学者はゼロの年もあるので、諦めていたところが合格し、一二年年上の兄に続いて五高に入学することになった。その後、若干の曲折はあったが、結局ずるずると、高校文科、大学法学部という経過を辿り、法曹の道を選ぶことになった（もし、経済的にゆとりがあれば、初志を貫いて、大学卒業後すぐに農学部あたりへ学士入学していたかもしれないが）。戦後デモシカ先生という言葉が流行したことがあったが、私もまた、時代と個人をめぐる情勢に翻弄されたデモシカ法律家（裁判官）の一人であったというのが実感であるが、これらの点は、項を改めて記す。

2　司法修習生になるまで

(1)　五高時代

五高でも剣道部に入るつもりであったが、かつて兄が水泳部にいたため、強い勧誘を受けて水泳部に入った。川で遊んでいただけの経験しかない筆者は、非常な苦労を味わっただけだったが、昭和一八年夏大学入試（高校の年限は二年半に短縮されていた）の直前に予定されていたインターハイ（これは、その直前に中止された）まで練習を続け、旧制高校運動部生活を十分に経験し、中学時代の剣道とは違った筋肉を鍛えることができた。

水泳部生活は、はなはだ過酷な肉体の鍛錬であったが、それがシーズン中に限られていたことは、幸いであった。練習は勿論屋外プールであった。一一月から翌年三月までは、激しい練習から解放され、秋の夜長に読書に耽ることもできた。

五高入学の年、昭和一六年一二月八日、日本海軍は真珠湾を攻撃し、わが国は、太平洋戦争に突入した。開戦を知った瞬間、彼此の戦力差、国力差から考えて、無謀な戦争ではないか、伸び過ぎた対中国戦争（支那事変）の戦線を縮小してでも米国との和睦を粘り強く追求すべきではないか、という考えを持った記憶はある。しかし、真珠湾攻撃や英国の新鋭戦艦撃沈の大戦果、そして陸軍も速やかに香港、シンガポールを陥落させて、破竹の進撃を続ける報道に接してこのような懸念は霧散した。そして、戦争の勝敗を決するものは、物的な戦力よりも、軍隊及びそれを支える国民の戦意であるという観念に捕らわれる一方、対支戦争の泥沼化する中で生じ始めていた戦争の目的に対する疑念は、英米蘭仏帝国主義国の侵略から東洋諸国を解放するという大義名分によって霧散してしまった。そして、このような考えは、戦局が非勢となり、破局を迎えるまで続いた。

昭和一八年八月初め東大法学部を受験した。多分その年から浪人は許されず、落第しても九州大か東北大に入学させられることになっており、多分九州大であろうと考えていたが、思いがけず合格し、一〇月東大法学部に入学した。試験合格発表の直後に、学生に対する徴兵猶予制度の廃止が発表され、当時二〇歳に達していた者は、その年の秋一斉に入隊することになった。いわゆる学徒出陣である。筆者は、当時まだ一八歳であったため、大学に残ることとなった。

◎旧制高校時代

安原：旧制高校時代で学んだ当時の人は、みんな旧制高校は良かったとよく言うんですよね。どんなふうだったとかというと、マントを着てバンカラ風だったということですが。

石松：そういう姿なんてのは旧制高校の一面なんですけど。やっぱりエリート意識が非常に強かったと思うんですよ。僕らも入ってみればそうですわね。

安原：旧制高校は全寮制ですか。

石松：三年間全部全寮制の高校っていうのはほとんどなかったと思います。五高も一年生が全部入るぐらいの寮しかなかった。熊本市内の熊本中学校とか濟々黌（現熊本県立濟々黌高等学校）出身者はほとんど寮に入らなかったが、二年三年の者が若干寮に残るので、それだけで寮は一杯になった。

五校プールで友人と（左が筆者）（1943 年夏）

安原：石松さんは寮に入ったのですか。
石松：僕は寮に一年入っておりました。二年からは水泳部の合宿に入っておりましたからね。
安原：合宿所で暮らされていたんですか。
石松：うん、合宿所で暮らしました。
安原：一番よく聞くのは、旧制高校では、外国語とか哲学的なこととかをバンバン言い合って、政治的、あるいは社会的なことを身に着けたというということですが。
石松：そこがね、まったくね、自由だったんですよ。
安原：ほっとかれるわけですか。
石松：何を勉強せいと言われることはほとんどない。要するに落第しなければ良いわけですよね。家庭の事情により、落第しても良い人もおりました。ただ、二年続けて落第すると学校から追放されますので、それはしない。それで裏表やっていくと六年おれるわけです。それぐらいのお金さえあればそれでも良いというような雰囲気があるんですわ。そのあいだに何を興味を持ってやるかっていうのは自由だったんですよね。

安原：それで二年から水泳部の合宿に行かれたということですが、運動部は、上級生が下級生をいじめるとか支配するとか、授業なんか行くなとかいう感じではなかったのですか。

石松：当時の水泳は今と違って、シーズンが限られているんですよ。四月から一〇月までの間ですよ。それであとの半分は泳げないんですよね。シーズン中は練習は厳しかったですよ。だけど、制裁というのは一切なかったですよ。

安原：上級生が下級生の言論を抑え込むとかいうこともなかったんですか。

石松：上下関係はありますよ。運動部ですから。だけど力で押さえつけるということ、殴るとかそういうことは一切なかったです。自然とみんな先輩には敬意を表していた。昔のことだから。一年上だとやっぱりだいぶ違うんですよ。

旧制高校の運動部っていうのは私立大学の運動部とだいぶん雰囲気違うんですよ。自発的に運動をやっているというやつが多いんですわ。だいたいみんな運動が下手なやつが集まっているんですわ。大学の運動部みたいにもともと運動に長けたやつが集まっているのではないんで。運動のできないやつが入ってそれからぼちぼち鍛えてるんですけどね。例えば柔道部でも中学時代に段をとっているやつもおりますけどそうでない人はね、入ってから一生懸命にやるわけですわ。

ですから旧制高校の柔道というは寝技が多いのですよね、寝技は弱くても勝てる場合があるし、少なくとも引き分けにもっていけることが少なくないわけですから。

だから大抵耳が潰れているんですよ。旧制高校で柔道やっているやつはね。そういう雰囲気なんですよね。だからかなりね、自発的にやっているんですよ。何もそこまで運動部でやらなくて良いわけなんだけれど、どういうあれですかね、今まではわりに運動に縁がなかったのが入ってきて急に熱心にやりだしてという雰囲気があったように僕は思うんだけど。

安原：なるほど。ところでドイツ語とか英語とか旧制高校時代にある程度力を入れたわけですか。

石松：旧制高校の授業っていうのは、外国語の授業時間が全体の三分の一以上あったんじゃないかな。僕の所属した文科甲類では、第一外国語は英語ですよね。そして第二外国語がドイツ語なんです。

三分の一以上だから全部じゃないですけど、外国語を一生懸命やる人はそこでかなり読めるようになっているはずなんです。

安原：会話はやらなかったんですか。

石松：会話はあまりやってないな。僕らの英語の会話の先生はロバート・クラウダー（Robert Crowder）さんというアメリカ人で、アメリカ人だけどキングイングリッシュを教えられました。その先生が昭和一六年一二月八日に拘束されたわけです。

真珠湾攻撃の日です。すなわち、僕が一年生の二学期に拘束されて、内地にしばらく拘束されてそれからアメリカに帰ったわけなんですが、その話はあとでします。ドイツ語の教師はドルさんという高齢の方でした。ドイツ語の会話は、たぶん一年生のときだけだったと思う。僕らは英語のクラスだから二年も英語会話の授業がある予定だったんだろうけど、クラウダーさんが拘束されたので、もうできなくなっちゃったんです。それで、一二月八日以降の一年生の間だけドイツ人の先生が英語の会話もやってくれたんですよ。ドイツ人の先生は結構英語しゃべれますからね。

安原：ドイツ人は同盟国だから拘束されない。

石松：うん。クラウダーさんは、非常に日本を愛した若い人だったんですよ。戦後、消息が全然わからなかったのが、今から二〇年ぐらい前にロサンゼルス郊外におることがわかってね。それで訪問した。

訪問したのは僕らのクラスが最初だったようです。その先生が日本画を描くんですね。

安原：日本が大好きだったんですね。

石松：大好きだったんです。

石松：日本画その他日本の古美術品を集めていましたね。クラウダーさんに言わせると「私は日本から持って帰ったものは一つもない。全部アメリカに出回っているものを集めただけだ」と。そしてロサンゼルスのビバリーヒルズに結構立派な住宅と別に美術館を作ってね。来いっていうんで、僕らのクラスの八名が、ほとんど夫婦同伴で先生の邸宅を訪問しました。その一日だけは先生との間では一言も日本語を使わんかった。

安原：どういう経緯で消息がわかったんですか。

石松：日本人の弟子を募集したらしいんですよ。それに応じて採用された日本人の方が話をしているうちに、旧制高校の先生だということがわかったが、日本にはもう行きたくない、日本が非常に変わってしまったらしい、熊本の町も変わっているらしいから、行きたくないって言っているという話が、今の熊本大学に伝わってきたわけですよ。それでわれわれ昭和一八年入学文甲三の者を中心に一遍行ってみようかっていう話になって、行ったんです。

安原：それは喜んだでしょう。

石松：そのときにスイレンの絵（花が九つ）を描いてくれてね。それを九つに割ってね。その真ん中を自分がとって、あとをみんなに分けてくれた。一枚一枚に署名をしてくれました。それ僕の家に今もあります。

安原：六〇年ぶりぐらいの再会だったんですよね。

石松：五〇年ぶりぐらいかな。

安原：全員なんとか英語を使ってやった。

石松：全員カタコトの英語で、下手なのはあなたのせいやって言うて。彼は僕らに対しては日本語は使わなかったけど夜の懇親会の最後に、女房連中が歌を歌ったら先生は日本語で「宝塚よりうまい」とか言ってね。それぐらいにね、楽しんできたんですよ。その後、文通はあったんですけどね。もう亡くなりました。一〇〇歳近かったんだろうと思うんだけど。

安原：ところで、旧制高校での哲学とか社会科学的な議論はどんなものですか。

石松：哲学はやっぱり盛んですよ。

安原：三木清とか。

石松：日本人では、三木清とか西田幾多郎とか田辺元とか。当時はハイデッガーの全盛時代ですよね。しかし一部の連中は、多少は理解していたのでしょうが、われわれは、よくわからないまま議論をしていたですね。哲学を一生懸命勉強する連中は哲学研究会に入るなどして熱心にやっているし。運動を熱心にやっている者もいるし、文化部的なところで一生懸命やっている者もおったわけです。

安原：ある程度戦争への途へ進んでいった時代ですから、当然日本国を守るためには命を投げ出してという議論が優勢だったと思うんですけど、それに反対する議論というのはあったんですか。

石松：反戦思想というのは、あんまり僕らの世代にはないんですよね。

安原：公にはならなかったでしょうけど。

石松：公にできなかったせいもあるんだろうけど、少なくとも表だって反戦思想までをいう者はなかったです。

安原：しかし、その時代はすでに日本は太平洋戦争に突入しているわけですから、こういう哲学の議論とか自由な雰囲気に対しての風当たりはあったんじゃないですか。

石松：それはあったんでしょうね。ただそのころはまだ、熊本の町では僕ら五高生は大事にされていた。早い話が、ボートレースの後なんかで町で酒飲んで酔っ払って暴れたりして近所のポリボックスの警察官から追いかけられても校内に入ってしまえば警察は一切入ってきませんのでね。飲んで暴れて警察に検挙されるっていうこともなくはなかったんですが。昭和一八年九月の卒業の時までは、そんなにね、風当たりはなかったかな。それほど戦時色というのは五高のなかにおる限り感じなかったんですが。

安原：独立の気概というのが学校自体にあったんでしょうね。

◎軍事教練

石松：うん、やっぱり独立の気概というものが学校自体にも生徒にもありますからね。五高は軍事教練の査閲で有名なんですよね。

安原：教練科目みたいなものですね。

石松：そう、それを軍人の教官が来てやるわけなんですわ。五高の場合は、配属将校として深草大佐という方がおられ、その補助者として数名の予備役将校がいました。その教練の結果について、熊本師団（第六師団）の兵務部長（当時山口という少将）の査閲がありました。査閲というのは、当時中学以上のすべての学校で、師団ないし連隊の現役将校によって行われていました。

安原：ちゃんとやってるかって。

石松：ところが、その軍事教練の査閲の前にいきなり、その山口少将が五高の配属将校に対し、日時を指定して五高生に対する講演を申し込んだんですよ。講演に来たいと言うて、いきなりね。

安原：兵務部長がですか。

石松：そうです。少将といえば、当時はたしか親任官で現在の認証官に当たりますが、配属将校の深草大佐は、いきなり日時を指定して来られても、五高には予定された教科があるんだから応じられないと言うて断ったらしいのです。結局、兵務部長も順序を踏んで講演に来て全校生徒がその講演を聴きました。ところが、あまりつまらん話をするもんですから、みんなゲラゲラゲラゲラ笑っとったんです。その少将は、怒って帰ったんですが、次に査閲のときに査閲官として来てね、僕らの動作に対してもう怒りっぱなしなんですよ。そして、配属将校の深草大佐を僕らの前で怒りつけるようなことまでした。この査閲の結果、五高校生はみんなバッテンついて、全員不合格になったんですよ。

深草大佐というのは非常に面白い人でね、君らは鉄砲持ってうろうろする連中じゃない、という方針で教練を行っていたのです。

安原：それはその配属将校がですか。

石松：そう配属将校。ちゃんとした指揮官としての素養を持たないかんというね、そういうような調子でやってたんですよ。それで、僕ら東大に入ってからも当然査閲があって、そのときその少将が東京（第一）師団の兵務部長に転勤になっていて、また査閲に来たんですよね。そのときに配属将校、五高の轍を踏まないようにみんな慎重にやってもらいたいという話をしたことがあったんですわ。もっとも軍隊に入ってから、五高生が格別不当な評価を受けたことはなかったようですけどね。そういうことがありました。

◎旧制高校の法学教育について

安原：旧制高校時代の学校の雰囲気と法学教育について何か思われていることはありますか。

石松：旧制高校では法学教育はほとんどやってません。法政経済という科目が一つあっただけです。

安原：学校の雰囲気が今の法科大学院の参考になることがあるかという点ではどうですか。

石松：何が参考になるかっていうと、とにかく自由にして、あまり将来のことを心配せずに、自分の好きなことをできるっていう、ことでしょうね。それぞれ人によって考えることは違うけれども、人生に無駄になることはしていないんですよね。運動するにしても、哲学の本を読むにしても、小説を読むにしても、学校の授業を真面目に勉強するにしても。その背後に、強いエリート意識があったのかもしれませんが。極端な表現をすれば、三年間自由に、僕らのときは二年半ですけど、落第しても良いと思えば落第するし、そうでなければ、落第さえしなければ良いんで。そういう自由な雰囲気で、そして寮にも入っているし、集団生活をだいたい皆経験するし、そのなかで人間が作られていくっていう環境は参考になるかな。

安原：自由があって法曹を目指す環境にとって大事な部分があると思うんですよ。

石松：法曹を目指すと考えた場合、旧制高校というのは社会科学に対する勉強っていうのはあんまりしてないですよ。する人もおったろうし、一昔前には勿論マルクスに傾倒していた人もおると思うんだけど、僕らの世代のときにはもうそんな本は読めなかったですからね。マルサスの『人口論』を読んでいたら警察官にマルクスと間違えられて検挙される、とそういう時代ですからね。マルクスの本を読むなんてこと、社会科学を勉強するという雰囲気はあんまりなかった。

安原：いろんな哲学の議論とか、自発性とか自由とかいうものを謳歌できるということは法律家を育てる場合に本来必要なんじゃないですかね。

石松：そう思います。だから法律学を勉強するという雰囲気はなかったと思う。むしろ経済学の本なんか読んだ人、僕らも多少は経済学の本を読んでたな。ちょっと外国語の勉強を兼ねてアダム・スミスの本を読んでみるとかね。そういうようなことはしてたかもしれんけど。法律っていうのはとにかく将来法学部に行くっていう人でもあんまり勉強してないんじゃないかな。

◎法科大学院制度と法曹養成について

安原：今の法科大学院はいろいろと問題があると指摘されているんですが、何か言っておきたいことはありますか。

石松：法科大学院となるとだいぶ違うので。旧制高校っていうのは今でいう「教養」ですからね。教養を身につけるっていうのが、基本なんで、あまり法学の勉強っていうのは問題にならんけど。現在の法科大学院に関しては、僕は全く無駄な制度だと思うんだな。法律学を勉強して司法試験に合格後、司法研修所で実務教育をやったほうが良いんじゃないかなと思う。だから僕は司法研修所で二年間実務を勉強する旧制度のほうがよっぽど良いと思ってる。

安原：司法研修所も旧制高校と似たようなところがありますよね。二年間だったら結構自由ですし。

石松：もっとも僕が法律の勉強をしたのは修習生時代だけですよ。ただこの頃特に法的感覚っていうか、そういうのはね、僕は若いときに身につけたほうがいいんじゃないかなという気はしてるんです。それは、僕は大学に一八歳で入ったもんだから、まだ徴兵検査を受けずに一年間まるまる学校におれたんですよね。そのときに末弘嚴太郎先生の講義を受けてリーガル・マインドって言いますかね、そういうものを若いときに養うことができたのが貴重な経験だったと思うんですよね。末弘先生自身は「お前らは二〇歳にもならんうちに、法律学をやるなんてもってのほかだ」と言いながら法律の講義をしていましたけどね。僕はやっぱり若いときに一応法的な考え方というのに接したほうが良いと思う。その点で僕は、一応法的な考え方に接してから勤労動員に出たり、軍隊に行ってたりして、そこで社会を学んでね、そしてその後大学に戻ったから、そこで本当に法学の勉強をすれば良かったんですけど、その機会は修習生になるまでなかったんです。法律学っていうのは本当は社会経験を積んでから学んだほうが良いという原則はそれで良いと思うんですけど、最初は、若いときにどこかで法的思考に接した方が良いと思う。

安原：末弘嚴太郎先生は講義で法律の基本的な考え方をどのように教えていたのですか。

石松：法社会学ですからね。法社会学の創始者みたいに言われている。事実を非常に大事にして、事実から法律を考えていく、っていうね。

あの人はドイツに留学するつもりだったところを第一次世界大戦で行けずにアメリカに留学したんです。それでアメリカで事実に出発した判例法主義を学んできて、それでもともとドイツ法を学んだ人だったが、そこで調和とれてきたっていうような人ですわ。

僕らは勤労動員で大学に入った一年目の三月に一か月間、静岡県下の農村に別れて土地改良の仕事に行ってるんですよ。そのとき、末弘先生はそこで小作権の問題なんかをよく聞いてこいと言ってましたけど、僕らは勤労動員で土地改良のために行ったんで、末弘先生にいわれたほどの調査はできなかったですけど、そこで農村の人とは非常に仲良くなったですよ。あれは面白かったですよ。

安原：実態調査から法理論、慣習法というのをある程度見つけていくっていう手法ですよね。

(2)　東大法学部時代

東大法学部入学後一年間はほぼ大学で講義を受けることができた。というより大学で曲がりなりにも纏めて受講できたのは、この一年間だけである。もっとも、昭和一九年三月のほぼ一か月、法学部学生残留組は静岡県下の農村に勤労動員で泊まり込み、農業関係の仕事に従事した。私どものグループ（四〇名ぐらいだったろうか）は、志太郡瀬戸谷村で農地改良（暗渠排水路の建設）に従事した。この動員では、村民といろいろな方面で親しい付き合いが生じており、何時ぞや村側の要望で多分四年生以上ぐらいの児童に話をすることになり、O君と私とが組んであるクラスを担当することになった。ところが、児童のレベルでの話がなかなかできず、立ち往生気味であったところに、たまたま動員学生の視察に見えていた丸山眞男助教授（当時）が廊下を通って見かねたらしく、教室に入り、私らの話を引き取り、黒板に理屈という字と道理という字を並べて書き、その違いを丁寧に説明して、道理を勉強することが大事なことを説き、子どもらの関心を引いた。私らは、ただ恐れ入るばかりであった記憶がある。

昭和一八年一二月の末、徴兵適齢が一年引き下げられて一九歳となり、筆者も翌昭和一九年六月頃郷里で徴兵検査を受けた。その結果、間もなく現役兵として入隊することになると判断し、大学の勤労動員学生募集に応じ、昭和一九年一〇月初めから、横須賀海軍工廠深沢分工場（水雷工場）に同僚学生一〇名ぐらいと共に動員されることになった。もともと私どもが動員されたのは、同分工場が下請け工場に発注している水雷（魚雷）の部品の集まりが悪いので、その督促に当たって貰いたいという工場側の要請によるものであった。何しろ相手は海千山千の町工場主であるので、ほとんど効果はなかったと思うが、二か月ばかりは割り当てに従って大森、蒲田あたりを中心とした発注先町工場を回って早期納入を督促して回った。ところが、その頃生産されていた水雷が突如他の種類の水雷に変更されたため、従来の部品はほとんど無用のものとなり、新水雷の生産準備には一定の日時が必要であるため、われわれは、たちまち失業し、工場側にとっても持て余される存在になった。もっとも、その間に軍隊への入隊者が相次ぎ、学生数は減り続けた。

一方、この分工場の敷地には隣接した小高い山があり、その山に幾筋ものトンネルを掘って地下工場にする工事が横須賀海軍施設部によって進められていた。現場でこの工事を担当監督しているのは、施設部深沢分遣隊（多分そういう名称であったと思う）の隊長（技師）であったが、現場を回って状況を把握しているのは、その下にいるK技手（准士官待遇）一人だけであった。何分広い現場なので、その状況を十分に把握することは、困難なようであった。分工場を失業した学生の一人である筆者は、工場を抜け出し、興味半分でこの工事現場をうろうろしているうちに、技手の助手的存在としてこの地下工場のための隧道工事に事実上専従することになった。身分は、工場の勤労動員学生であったが、処遇に困っていた工場側は、施設部で働くことをむしろ歓迎してくれたようであった。そのうちに、同僚の動員学生は順次入隊し、昭和一九年初ころには私一人になっていたと思う（その後、何度かにわたって東大学生が動員されて来たが、すべて機械工員として働く約束であった）。

かくして、私は、同年七月初め現役兵入隊通知を受けるまで、約半年間、この隧道工事現場で働くことになった。中学時代から机に向かっての勉学より、野外で働くことを好むようになっていた私はここで水を得た魚のように働いた記憶がある。戦況はわが国に決定的に不利になり、東京・大阪はすでに大空襲を受け、横須賀軍港を出港したばかりの新造航空母艦がたちまち敵潜水艦群の餌食になるというような話を耳にし、さらに後には沖縄戦の終結を知って戦況の決定的不利を認識し、本土決戦における勝利を信じたわけでもないのに、一方で勝利を目指して生産拠点の確保・建設に懸命になるというのは、矛盾である。どうしてそのような気持ちになれたのか。社会一般の雰囲気を別にして、筆者個人の事情に限ってみれば次のようなことであろうか。

太平洋戦争勃発の頃から、私は、いずれ戦場に送られ戦死することは免れ難いであろうと考えると、自分の子孫をも残さずに死んでゆくのは何のためか、如何なる意味があるのかという問題に遭遇せざるを得なかった。少々は悩んだが、万事に簡単に結論を出す傾向のある私は、比較的にあっさりと、自分が死ぬのは民族のためであり（その頃流行の天皇のため、という気にはなれなかった）、それは尊いことであると思い込んでしまった。いざ、生死の関頭に立ったとき、実際どういう行動をとるかはわからないが、少なくとも、観念的には民族のためには何時でも一命を捨てるという気持ちは持ち続けたように思う。そのように割り切ってしまい、加えて先輩同僚の戦死の報を耳にすると、馬車馬のように戦争協力の道を辿らざるを得なかったのであろうか。

それはともかくとして、筆者は、この海軍施設部での約六か月間にいろいろのことを学んだ。その原因は、全く経験のなかった隧道工事の現場監督的な仕事に打ち込んだことによると思うが、その背景には、この地下工場建設工事にはいろいろな種類の労働者が動員されており、海軍施設部がそれを統合する立場にあったからであろう。この現場で働いた労働者は、①海軍施設部直属の工員(動員された者を含む)、②工事を請け負っていた飛島組に雇われている労働者、③工廠(深沢分工場)側から地下工場建設に応援派遣されている工員、④朝鮮半島から連行されてきた(「強制的に」連行された人々であるとは聞いていたが、直接本人たちに確認まではした記憶はない)と言われていた労働者、④受刑者等である。これだけの種類の労働者が集まれば、いろいろの問題が生じるのは当然である。筆者も若干関わったことはあるが、煩雑なのでそれには触れない。

ただ、一つだけ忘れがたい事件があった。この深沢分工場は、三浦半島の付け根、大船の近くにあり、造兵部本工場のあった田浦は半島の中ほどで、その間甚だ近距離である。ところが、田浦の地質は多分瀝青岩であり鶴嘴を用いて人力だけで掘削することが容易であったのに対し、深沢の地質は多分砂岩であって、鶴嘴を打ち込んでも崩れず、その掘削のためには、火薬の力を借らざるを得なかった。当初はダイナマイトがあったが、間もなくカーリット(ダイナマイトより爆破力は弱いが、掘削には使えた)となり、やがてこれも枯渇して、工事は停滞した。そこで、K技手に筆者が随行して、田浦の造兵部に赴き、窮状を訴えて火薬の送付をお願いするというようなことまでした。それはともかく地下工場の建設は至上命令であったため、やがて大量の火薬が届けられたが、それは、ダイナマイトやカーリットではなく、直径三ミリぐらい、長さ一メートル足らずの飴色をした棒状の固体の火薬であった。これで何とかせよということだったらしい。そこで、現場では、電動式の鰹節削り機を多数集めて、この火薬を削り、ダイナマイト状に袋に詰めて爆破用の火薬として使用することになった。一動員学徒であった筆者は、勿論この決定には全く関与していなかったが、鉄製の刃物で火薬を削るのは危険だという知識はあったので、危なくはないかと思いつつも、この際やむを得ないことかと思っていた。ところが、製造開始間もなく、切削中の火薬が発火爆発し、多数の作業員（筆者の記憶では、七、八名という記憶であるが、定かではない）が死亡するという事故が発生した。その内訳は、施設部へ徴用されていた一、二名の他は、朝鮮半島からの連行者であったように記憶しているが、これも正確な知識は残っていない。

この事故があってから間もなく、おそらく数日後、私は現役兵としての入隊通知を受け取った。詳しいことは忘れてしまったが、まだ事故による沈痛の気分が漂うなか、分遣隊長以下数名の施設部職員の方が私のために静かな送別の宴を開いて下さった。動員学生としては異例のことであろう。

そういえば、工事を請け負っていた飛島組の幹部の方から、飛島組に入社してくれれば、初任給五百円を出すと言われたことがあった。私は法学部の学生ですよ、と言ったところ、土木科を出た人は多数来てくれるが、あなたほど土木に熱心な人はいない、と言われた。半ば冗談であったろうが、何となく楽しい思い出である。

(3)　軍隊へ

私の軍隊生活は、昭和二〇年八月一五日の終戦を挟んでちょうど二か月であり、復員のときも入隊当時の陸軍二等兵のままであった。入隊のため通った東海道線山陽線沿線の主要都市の多くがすでに焼土と化していた。それを見ながらこの戦争に勝利の見込みのないことを改めて実感した。であるならば、如何なる方法によって戦争を終結せしむべきか、という点について、考えてみるのが当然である。しかし、そのようなことを考えた記憶はない。おそらく、表面的に国内を支配していた本土決戦の叫びのなかで、合理的な思考をする余裕を失っていたのであろうが、おそろしいことである。

入隊したのは、下関市内に本部のあった高射砲連隊であったが、入隊の日に対岸の門司側の九州東北端の部崎灯台を眼下に見下ろす丘の上の照空隊に連れて行かれ、一か月後に終戦の日を迎えた。軍隊での生活のことは、かつて書いたことがある（拙稿「日本国憲法の平和条項と裁判官」守屋克彦編著『日本国憲法と裁判官――戦後司法の証言とよりよき司法への提言』（二〇一〇年、日本評論社）所収）ので再録は控えるが、戦後間もないある晴れた日に、眼下に広がる下関海峡を、小型巡洋艦か駆逐艦を先頭に数隻の軍艦が外洋から内海へ静々と進んで行くのを望見し、これが世界に誇った帝国海軍のなれの果てかと思い、思わず涙したのが昨日のことのように思い起こされる。

戦後東京へ出て復学手続をした折、この深沢の現場を一人で訪れた。地下工場には、すでにかなりの数の工作機械が運び込まれていたが、僅かの期間に錆びついて無残の姿を横たえていたのが、印象に残っている。東京都に復職されていたK技手にもお会いしたが、温厚な同技手は、もう少し終戦が遅れれば、何らかの刑事処分は免れなかっただろう、と感慨深げに語っておられた。

◎学徒動員と兵役時代

安原：短い期間だったのですが、兵役時代はどんな体験をされましたか。

石松：昭和二〇年七月に軍隊に入ったとき、僕はどんなに足掻いても戦争は負けだと思っていました。僕が入隊したのは七月一五日ですわ。その前に、横須賀から汽車に乗って郷里の大分県に帰るときも、静岡あたりは焼けていました。汽車が、まだ火が燃えているところの横を通って帰ったような気がするんです。敗戦の一か月前なんです。その一か月間と敗戦後の一か月間、僕は二か月間、軍隊にいたんです。

兵役時代の話ですが、軍隊っていうのは、入るとあまり冷静な思考っていうのができないんだな。もうこれは戦争は負けるな、と思って入ったけど、それじゃあどうしたら良いかっていうことは、考えた記憶っていうのは残ってない。

安原：神国日本が負けるなどと言ったらひどい目に遭うってことはあったのですか。

石松：「負けるから降伏したほうが良い」なんてことは表立って言えなかったでしょうね。

安原：先生はいつごろから負けると思っていたんですか。

石松：確実に負けると思ったのは海軍工廠に行ってから。

安原：学徒動員で行ったときに。

石松：東京が大空襲を受ける前後ですけどね。そのころ昭和一八年に軍隊に行った連中が、一年半ぐらいの間に経理部の将校になって、工廠にも派遣されていました。その人が横須賀から新造の航空母艦が出た途端にやられるんだということ、沖は敵の潜水艦がうようよしているんだという話をしてましてね。

安原：それは前の年の昭和一九年、勤労学生で行ったころですか。

石松：多分昭和二〇年になってからです。僕の勤労動員の終わりごろ危険な火薬を削ったりしてましたが、あんな火薬を使うようではもうだめだと思った。しかも機械を運び込むところはね、トンネルの中の湿気の多いところでしょ。コンクリートでも貼れば良いんだけど、そんな余裕は全然ないでしょ。土のむき出しのところに機械を運び込んで電線を張っていました。戦後間もなくの頃、上京したついでに行ってみたら多数の機械が錆びついて無残な姿を横たえていました。

安原：実際に戦闘行動らしきものは一切やっていないんですか。

石松：僕は戦闘行為らしいものはやっていない。それで入隊した先は、高射砲連隊の照空隊だった。僕は一応の訓練を終わったあとで、計算班というところに入れられることになっていたときに終戦になったんです。高射砲隊はわりに大学出が多く、大学出や在学の者はほとんど計算班に入れられていました。照空灯（サーチライト）と聴音機で敵機を確認、サイン、コサインを使って一応計算し、何秒か先の敵機の位置を推認するわけなんです。

敵機が入ってきたら、聴音器で聴いて、それから照空灯を照らしてその光りで機影を捕まえる。そこまではまあだいたいできるんです。その機影を追跡するわけですわ。そうして、雲高、敵機の機種その他の資料によって推認される高度と一定時間内の進行距離に基づいて、速度と高度がある程度わかり、一定時間後の敵機の位置が推計できる。

安原：行先がわかるからそれに向かって高射砲を発射する。

石松：その結果を電話で高射砲隊のほうに連絡する。すると小倉の風師山の上にあった砲隊が着弾時の敵機の位置を推定して発砲するわけです。高射砲の砲弾は上空で破裂しますから敵機の近くに到達すれば相当の威力があるのですが、現実には陸軍の持っていた砲は七〇〇〇か八〇〇〇メートルしか届きませんので、敵機が一万メートルの高度で入ってきたら全然問題にならなかった。

安原：当たったことってあるんですか。

石松：それはあるんでしょうけど、私のいた間には全くない。ただ海軍の駆逐艦が二隻、関門海峡に常時いましてね、これは対空装備を専門に備えていた。その砲は一万メートルは優に届く。そこが弾幕を張ったら敵機はそこは通っていきませんわ。

安原：それはそうですね。

安原：本文中に、日本の駆逐艦とか船隊が少し、しずしずと関門海峡に入ってきたというのは、寂しいっていうか、もうあかんと思ったとか、これはどういうことですか。

石松：駆逐艦などが入ってきたのは戦後ですわ。高射砲隊に入隊したときには、もう負けるということはわかっていたんです。何とくだらんことをするもんだと実感したのはやっぱり、軍隊生活ですね。無駄なことをね。例えば、連隊長が視察に来るんだとなると、急に「兵舎の偽装をせい」って言うわけですわ。偽装するっていうのは、兵舎の屋根の上に、花筒みたいに焼夷弾のカラを多数並べ立てて、そこに木の枝を切ってきて入れ、それで偽装しよったんですわ。

安原：爆撃されないように偽装しようということですね。

石松：それを連隊長が視察に来る前の日にやるわけだ。敵機にみせるためじゃなしに、連隊長に見せるためにやるわけですわ。軍隊というのはそういうところですんでね。そういう無駄なことばかりやっているんでね。撃ったって弾は届かないし、こんなことやってってもしょうがないと思っていました。楽しい思い出は、僕は水泳をやっていたもんだから食糧や魚とり要員にされていたことです。

安原：沈没した船から浮いてきた食料を取るんですか。

石松：それもあるが、機雷が爆発した直後に行けば魚が浮いている、フラフラしているんですよ。

安原：泳いで行ってこいって。危ないですよね、それ。ダイナマイトで魚をとるみたいなやつ、ショックで浮いてくるやつに似ている。

石松：危ないですね。船は機雷に触れて沈むわけですからね。関門海峡は機雷がいっぱい落とされた。そこへ船が通ると、接触すると爆発して船が沈没するわけですわ。そうするとね、僕は水泳部ですんで、それを獲りにいくのは僕ともう一人、漁師の子がいたんですわ。字を書けない漁師の子がおって、その子と二人で樽を担いで魚獲りに行っていた。

安原：危ない場面はなかったんですか。

石松：危ないと思った場面はなかった。漁獲中に爆発したことはなかった。そこで爆発されたら危ないですよ。

安原：それは昼間に行かれてたんですか。

石松：昼間です。みんなが演習している最中に、爆発すると命令で魚取りに行って遊んで帰っていた。

安原：得意の水泳ですが、結構魚は捕れるものですか。

石松：うん。フラフラフラーとしてますからね。パッと捕まえて。立ち泳ぎしながら。当時は関門海峡では漁をしていないから魚がウヨウヨしていたんですよ。チヌ鯛とかスズキとかパッと捕まえて、樽に入れて。

安原：それが食料になっていたわけですね。

石松：そうすると美味い刺身を食えるわけです。喜ばれて、将校に「ご苦労さん」って言われて。そういうんでね。こんなことしていたら到底戦争には勝たんと思いながら、今から思うと不思議なんだけど、どうすれば戦争を終局するかということにあんまり頭がいっていないんです。それはやっぱり当時の雰囲気だと思うんですよ。第一、そういうこと言うたら怒られますしね。言うたらたちまち憲兵に狙われます。そういうことを考えることができず、そういう合理的な精神を喪失した時代ですよ。ただね、前に書いたかもしらんけど、こういうことがありました。仲の良い初年兵で鹿児島高等農林学校（当時は専門学校といってかなり優秀な生徒が入学した学校です）の学生がいたんですけど、僕と二人たまたま不寝番に立っていたんです。下には金波銀波の関門海峡、上にはきれいに晴れた空に満月が煌々と輝いていました。不寝番で山の上に立って、彼が、「石松さん、逃げて帰らんか」って言うんでね。僕はさすがに「馬鹿なこと言うな、今ここから逃げたってすぐ捕まるよ」ってそれを止めたんですよ。それが終戦の何日ぐらい前だったでしょうか。

とにかく満月前後でした。その彼があとで手紙よこして「あのとき、石松さん、敗戦前に、止めてくれてありがとう。石松さんはもう終戦を見通していたんですね」って。あれ逃げていたら憲兵に捕まっていた。

安原：えらい目にあっていましたね。

石松：だから軍隊といったって、われわれの入った軍隊は米を拾ってきて干すような仕事をしていたんですよ。

安原：海水に濡れているからですね。

石松：海水に濡れた米っていうのは臭いんですよ。そいつを干して、その米から食わされるんですよ。良い米は備蓄してて。それを敗戦後に持って帰ったけど。そういう意味で軍隊っていったって、自活生活だけをしていたようなもんですわ。

そして敗戦後、兵器を占領軍に渡すために僕らは一か月間は軍隊にいたんですよ。その間に前に書いたように、帝国海軍の生き残りの軍艦数隻が静々と関門海峡に入って来るのを望見し、改めて「日本破れたり」の思いを実感したのが強烈な印象として残っています。

安原：先生のいらっしゃったところにも米軍が来たんですか。

石松：うん。来たはずです。僕らのところには直接来なかったけど下関には来たと思うんですよ。下関に連隊本部があって、そこまで兵器は運んだと思いますわ。山の上までは来ていないですわ。

⑷　戦後――大学から社会へ

筆者が、大学の講義を曲りなりにも継続的に聴講したのは、入学後の一年間だけであった。特に印象に残っているのは末弘嚴太郎教授の民法総則・物権法の巧みな講義であった。また、思い出の一つにこういうことがある。高柳賢三教授の英法講義第一巻法源理論を読み、その記述の明快さとともに、法的安定と具体的正義という法の根本問題にかかる判例法主義と制定法主義の問題についての明快な説明に惹かれ、熟読したように記憶している。先生の講義は聴講しなかったが、この書物に惹かれて試験を受けてみた。その結果は「優」であった。どうせ戦場に赴いて戦死するかもしれぬ学生だと思ってはなむけに甘い点をつけて下さったのであろうが、楽しい思い出の一つである。

戦後復学したものの、大学でまともに聴講した科目はない。戦後暫くの間は、いろいろの事情で、郷里に帰っていることが多かったからである。大学では、兵役に服した期間が比較的短い者（一年未満であったように思う）は、所定の一八科目中一三科目の試験に合格すれば、三年間の在学で卒業できることになった。私もこの制度を利用し、ぎりぎり一三科目の試験を受け、昭和二一年九月大学を卒業した。その卒業式において、南原繁総長が、文科系の諸君は、大学でまともに講義を聴講することができなかったであろうが、一方終生得難い貴重な社会経験をしたはずであり、この経験を大事にして今後勉学に努めてもらいたい、というような意味の送別の辞を述べられたと記憶している。

私は、卒業はしたが、当時企業に就職するつもりはなかったし、そもそも昭和二一年の段階では、新卒大学生を採用するような企業はほとんどなかった。たまたまある機縁で、東京区裁判所検事局

（後に東京地方検察庁）における翻訳事務を嘱託するという辞令をもらって勤務した。実際の職場は、占領軍の裁判所である軍事裁判所（Provost Court）であった。裁判官は米軍人であったが、検察事務は、原則として日本の検察官が担当しており、私の仕事はその補助であった。この裁判所の管轄等については省略するが、実際に処理していた事件は、占領軍の物資の日本人による不法所持が大半であった。この勤務に関して、思い残すのは、米軍側の職員（軍人）に日本の旧制成城高校を卒業した若い二世がいて、日本語にも堪能であったため、つい日本語を多用して英語に習熟する機会を失ったことであった。

この占領軍裁判所で働くようになる直前に、戦後第一回の司法試験（正式には高等試験司法科試験）を受験したが、何の勉強もしておらず落第した。ただ、比較的接近して昭和二二年中に行われた次の試験に合格し、昭和二三年四月司法修習生となった。

大学卒業時（1946 年 9 月）

司法修習生に採用され、当初修習地として東京を希望していた。ところが、郷里の大分県中津の実家があまり丈夫でない母と幼い妹の二人暮らしとなったため、最高裁に行って修習地を大分に変えてもらった。ところが、僅かの間に姉が中津の実家に同居するようになったため、私が帰郷する必要はなくなった。そこで、また東京というのも気が引けるので、大阪の兄のもとに居候することにして、また、修習地の変更を申し出た。当時の石田和外人事課長から何遍変えるのかと言われたが、あっさり変更してもらえた。思えば、万事鷹揚な時代であった。

◎敗戦直後に

安原：軍隊から帰られるときに当然広島を通って帰ったわけですよね。

石松：いいえ、広島は通ってないんですよ。私の郷里は大分県の中津なものですから、日豊線の旧門司駅で乗って、中津まで当時は一時間半ぐらい、今は三〇分ぐらいでいきますけど、ちょうど九月一五日の枕崎台風の大荒れする直前に帰ったんですわ。

安原：このときの門司駅あたりの雰囲気はどうでしたか。あそこは結構爆撃受けたんじゃないですか。

石松：門司の港や町の中心部はほぼ完全に爆撃を受けて焼けていました。駅だけは残っていました。

安原：周囲は焼野原ですか。

石松：周囲はもう焼野原ですね。その当時、すでに関門海峡トンネルが完成しており、旧門司駅が門司港駅になり、旧大里駅が門司駅となりそこから地下に入って行ったんです。僕らのいた山の上は門司港に近かったので、門司港駅に行って日豊線で帰ったと思います。

安原：周囲焼野原という駅に降り立ってどんな感じがしましたか。

石松：門司港駅の周辺は、僕が軍隊に入るときから焼けていましたからね。もうだから僕が入ったときには直接の空襲は受けてないんですわ。しかし焼夷弾は落ちてたな。門司、門司港がやられたのはその前で、小倉は全然やられてないんですよ。小倉から八幡の北九州工業地帯はなぜか残したんですよね。

安原：もう兵役に就く前にそういう姿を見ちゃってるんですか。

石松：うん。軍隊に入る前にもう大阪の町も焼けてましたよ。大阪の空襲は昭和二〇年三月ですからね。神戸ももうほとんど焼野原ですな。途中でね、地方都市が次々にやられていってね。僕の記憶ではね、静岡駅を通るときに汽車が火の中を通るような感じ、実際火の中を汽車は通れないけど、そのような感じを受けました。かなり無理して走ってますからね、当時は。

安原：帰りは、戦争が終わって良かった、良かったということで、門司駅で列車に乗ったわけですね。

石松：帰りは、終戦になってから一か月後ですからね。ある程度の情報は入っているし、降伏文書の調印も済んでいました。

安原：そうですね、九月二日に調印ですから。

石松：そういう情報は入っていたし、それに占領軍はそんなに無茶をしているんじゃないっていうことも知っていたしね。僕らの中隊長がどこから仕入れてきて言ったのか知りませんが、終戦直後、わが中隊でも数人の逃亡兵が出たのに対し、「駐留している戦勝国アメリカの軍隊は無秩序な軍隊じゃないはずだから、軽挙妄動するな」というようなことを訓示していましたな、終戦後間もなくから。だから軍隊の中は割に落ち着いていましたよ。終戦の日は、日本刀を振り回して暴れるものがあったというようなことを僕の友達が本に書いてありますが、僕はねその印象はあんまり残ってないんですわ。僕は、来たるべきものが来たという感じだったのか、もうやれやれという気持ちで兵舎の中で寝ていたのか、どうしていたのか記憶にないけど、あんまりそういう騒いだ兵隊がおるというような記憶はないんですがね。

安原：兵隊は実感としてわかっていたんでしょうな。

石松：僕はもうわかっていた。その人の書いたものによると「あくまで交戦せい、戦え」ということで日本刀を振り回して暴れるやつもおったたって書いてあるんですよ。僕はどうも記憶に残ってないんで。

安原：玉音放送は聞いているんですよね。

石松：聞いていない。軍隊では聞かなかった。二等兵は聞いていないですわ。そんなにラジオないもんなぁ。

安原：あれを聞いて負けたっていうふうに、普通の人は理解できたんですかね。

石松：それがね、復員してから聞いてみたら、何言うとるかわからんかったという人が多いんですわ。そしてしばらくしてから負けたっていうことがわかってきたっていうことです。

安原：聞こえるのは例えば「堪えがたきを堪え、忍びがたきを忍び」って言ってるんだから負けたってわからないんですかね。たしかに雑音が入っているし、難しい言葉を使っているけども。

石松：いや、わかった人はわかったはずですよ。その日からもう灯火管制がなかったはずですよ。その日から夜が明るくなったということで終戦を実感したはずですがね。僕らは兵舎の中ですからその日から電気はつけっぱなしですしね。それだけで明るくなったですよ、いっぺんに世の中は。ただ、あくまで交戦と言っていた人たちがいたことは事実ですよね。旧軍隊の一部の人やカチカチの右翼の人たちはね。

安原：八月一四日から一五日の未明まで、戦争の継続のために若い陸軍将校が皇居を占拠した事件がありました。

石松：まだ徹底抗戦をするっていう考え方はかなりあった。私たちの軍隊の中にもそういう考えの人がいたことも間違いないみたいですわ。しかし大勢は、いろいろの感懐を持ちながらも静かに終戦を迎えたといって良いでしょう。僕のいた部隊の中でも、日本刀を持って暴れる兵隊もいたし、その日は騒然とした雰囲気で終わったという認識を持っている人もいますが、僕はのんきだったのか、ああ、これで戦争終わったと思って、なんか気楽な気持ちでおったような気がしています。

◎復学と故郷の生活

安原：その後、大学へ戻られたのですね。

石松：大学に戻ったんですけど、ほとんど行っていないんですよ。試験受けに行っただけで。

安原：卒業試験受けにいくだけですか。

石松：復学手続だけしましてね。しばらく東京にいたこともあるんですが、東京では生活が困難なもんでね。それに僕の郷里に朝鮮、台湾に行っていた親類の者が帰ってきて、わが家にも一時二十数人いたこともあるんですよ。その食料を調達するのにね、僕が一番中心にならねばいけなかった。僕と台湾から引き揚げた従兄弟と二人で、大八車を借りて、二、三里離れたところにある親類宅に行って一泊し、もらった餅と米を大八車に積み、その上に薪を載せてカムフラージュし引いて帰ったことがありました。元気やったと思うね。

安原：大八車って非効率的な重いやつですよね。リヤカーに比べたらバランス悪いやつですね。

石松：かなり悪い。かなり重くてカタカタと音がしますからね。勿論引き上げ者も配給をもらえるんだけど、配給だけではとうてい食えませんのでね。うちは幸い親父の兄弟など多数の農家の親類があったので、そこに順番に行っちゃぁ、米もらってきたんですわ。

安原：飢えて大変だったということはないんですね。

石松：そのころはまだ。僕自身はその後、一人で東京に出てきたときのほうが飢えてますね。わが家に身を寄せていた親類の者は次から次に新居に分かれていって、家は閑散としてきたんですけど、一時はそういう状態でそれを養うためにずいぶんといわゆる闇米などの食料を運びました。しかし要領よくて警察官には一回も捕まってないですわ。あそこに警察官が張っているなと思ったらそこ、よけていく。

安原：なんかひっかかるんですか。

石松：米をとられてしまうんですよ。あの時代は見つかったとき米は全部没収されてましたな。

安原：親戚からもらってきても闇米扱いなんですか。

石松：うん、闇米扱い。配給以外、一般消費者は譲受運搬禁止です。

◎復学後の大学生活と司法試験

安原：大学の授業にはほとんど出ていなかったのですか。

石松：戦後は、ほとんど出ていないですね。卒業式は昭和二一年の九月です。

安原：戻られたのはいつですか。

石松：昭和二〇年の八月一五日が終戦でしょ。九月一五日に郷里に帰って、復学手続をするためにその年の終わりまでに一度東京へ来ています。その後、昭和二一年九月の卒業までに何度か上京と帰京を繰り返しています。幸い在京の親類の家で泊めてもらえたので、上京中は、大学で講義を聴くよりもむしろ大学図書館に通って政治経済思想関係の本を漁っていた記憶が残っています。おそらくその間に、口述試験だけでの司法試験（高等試験司法科試験）があり、情報に通じていた在京の人でそのときに司法試験に通ってる人がおるんですが、私は、試験の存在すら全然知りませんでした。

安原：口述だけだったんですか。

石松：口述だけでやったはずです。

安原：それからGHQに勤めたんですかね。

石松：うん、昭和二一年九月に卒業してからちょっとしたころ、大学へ行ったら、検察庁で、行刑関係の仕事で当大学の卒業生を募集しているという掲示があったので、関係教授の団藤重光さんのところに行ったら、団藤さんが推薦状を書いて下さったと思います。そのとき兵役から帰った平野龍一さんが多分助手で団藤さんと同じ部屋にいて五高の先輩後輩の関係だということで紹介されました。それで団藤さんの紹介状を持って東京区検に行ったんです。区検の上席が馬場義続で、次席が竹内壽平でした。馬場義続は五高の先輩なんで「お前、五高か」ということで親近感を持ってくれました。しかし、僕が司法試験を受けていると言うと、一、二年で辞められると困る仕事だということでこの話は、駄目になりました。

「だけど、ちょっと待てよ」と言って、「別の仕事があるからお前来ないか」と言われて承諾したわけです。という次第で、東京区検察庁における翻訳事務を嘱託するという辞令をもらい、同区検渉外部に所属して占領軍の軍事裁判所に派遣されて働くことになりました。もうちょっとこの機会に英語を勉強したら良かったんだけど。

安原：アメリカ人で両方しゃべる人がいたんですか。

石松：一人、軍曹で成城高校出た二世がおってね。

安原：日本語ペラペラだったんですね。

石松：日本語ペラペラなもんだから英語使う必要がなくって。ちょっと起訴状は書いていたけど。あんまり英語の勉強にはならなかった、というより折角の機会に勉強しなかった。そして、そのうちに司法試験に合格した。

安原：文章の中（四九頁）では「裁判所の管轄等については省略するが」と書かれていますが、どういうことでしょうか。

石松：これはね、当時占領目的に有害な行為あるいは占領軍の財産の収受所持等に関する罪の多くについて、米軍と日本側とで裁判権を持っていたが、いずれで裁判するかについては米軍の判断が優先した。米軍の軍事裁判所で処理する事件も大部分は占領軍の物資の不法所持でした。たまには、例えば関東のヤクザのけん銃所持などの事件もありましたけど。

安原：そういう事件の起訴状は英語ですか。

石松：英語です。きわめて簡単なものです。それで、日本の警察から直接送ってくる事件を占領軍当局が選別し、米軍の裁判所で審判することになったものについて、軍事裁判所に日本の検察官が常駐して公訴とその維持に当たっていました。僕らはその補助者として起訴状を書くなどの仕事をしていたわけです。もう東京では、このような軍事裁判所は、警視庁の中と、品川警察署の中にありました。裁判官は米国軍人でしたが、一応米法の原則に従って処理されていましたので、もう少し勉強すれば良かったと思い残念です。

◎日本国憲法に接して

安原：中学、高校、大学までは一応、軍国少年だったですよね。このあたりの矛盾みたいなものは感じませんでしたか。

石松：その矛盾をね、完全に解決したのはやっぱり新憲法ができたときですよね。もっとも、新憲法は、僕自身その前から変わってきていたんでしょうけど、あまり矛盾なく受け入れられたんですよ。むしろ、当時、僕はすでに天皇制は廃止したほうが良いという気持ちになっていたので、憲法草案を読んで天皇に関する点はちょっと不満だったんだけど。

安原：日本国憲法を読んで一番感激したところはどこですか。

石松：やっぱり主権在民と人権保障でしょうね。人権規定は旧憲法にだってあったわけなんですけれど、法律の範囲内でという制限を取り払った意義は大きかったですね。それと平和主義、武器を持たないっていうのは、その当時、僕には新鮮な魅力でした。沖縄戦あたりでの米軍の圧倒的な軍事力など、戦争末期の圧倒的な戦力差を知ると、今さら武器を持って何になるかっていう気がするとともに、近い将来に軍備なんかを持てるものではないとは思いましたが、その一方で軍隊のない国家っていうのはあり得るかっていうのは疑問だったんですよ。疑問というか、そうも考えていたんです。それがふっきれたのは、新憲法の草案に接したときです。ああ、これは軍備なくてもいけるんだなあっていう気がして。そりゃあ、軍備を持たなければ一国の体をなさない、しかし軍備を持つことがいかに大変かっていうことを考えて、もやもやしていた気分が一掃されました。

安原：いわば、新憲法で立ち直ったようなところがあるわけですね。

石松：うん、新憲法で立ち直ったんやなぁ、僕らは。あの憲法草案というのは、日本政府としては寝耳に水のものを突き付けられたのでしょう。しかし、僕らは若かったからだろう、それほど抵抗なしに素直に受け入れてますわ。そのころまでにもうそういう雰囲気になっていた。デモで「朕はタラフク食ってるぞ ナンジ人民 飢えて死ね」(プラカード事件、昭和二一年五月一九日)というプラカード掲げた人物が、不敬罪で検挙されたのは、日本政府が新憲法草案要綱を発表した約二か月後ですからね。こういうニュースに触れてくると、憲法草案を受け入れるだけの素地はできていたような気がするな。

安原：反乱とかは起きていないですよね。

石松：この段階では、もう反乱の兆しなどなかったと思います。ただ、日本政府はマッカーサー草案をすぐには公表できず、約一か月後に日本政府草案として公表したわけですけれど。

第三章　筆者が知るまでの網田さんの主要な経歴

ここで筆者が知るまでの網田さん経歴の主要なものに触れておこう。

一　網田さんの経歴のあらまし

網田さんの除籍謄本によれば、その正確な氏名は、網田覺一である。網田さんは、明治三五年一〇月一日父網田貞蔵・母ちよの二男として、兵庫県印南郡阿弥陀村の内阿弥陀村（現高砂市阿弥陀町阿弥陀）百七番屋敷で出生した。兄圓治氏のほか、姉二人、弟一人があった。父君貞蔵氏は、昭和二二年三月二九日隠居し、同日兄圓治氏が家督相続をした。それより前、昭和八年八月網田さんは、夫人みさゑさんと結婚したが、実子には恵まれなかった。そこで、網田夫妻は、昭和二八年四月、旧姓岡田みどりさんと養子縁組をし、みどりさんは、昭和三八年五月、当時裁判官をされていた廣川浩二氏（現弁護士、第一五期司法修習生）と結婚された。

ところで、戸主網田貞蔵の除籍謄本によれば、網田さんは、夫人みささんとの婚姻の前に、婿養子縁組、婚姻、離縁、離婚の経歴がある、これは、その後の網田さん生き方に大きな影響を与えた

網田元裁判官傘寿のお祝い（中央：網田氏、左端：筆者）

事件であったが、詳細は後に述べる。

網田さんは、旧制兵庫県立姫路中学校、旧制高知高等学校を経て、昭和四年京都帝国大学法学部を卒業、同年一一月高等試験司法科試験に合格、司法官試補を経て、昭和七年一〇月判事に任ぜられ、大阪地方裁判所兼大阪区裁判所判事、船木区裁判所判事、福山区裁判所判事、金沢地方裁判所判事兼金沢区裁判所判事、豊橋区裁判所判事、和歌山区裁判所判事兼和歌山地方裁判所判事を経て、昭和一七年一〇月大阪区裁判所兼大阪地方裁判所判事となった。そして、現行憲法の施行を迎えるのであるが、その戦前の転勤の頻繁さ、しかもいわゆる田舎の裁判所の勤務、転勤が多いのが目立っている。その理由はやがて明らかになる。

二　網田さんの生い立ち

網田さんは、その生い立ちについて次のように語っておられる。

「僕は、割合にひ弱に生まれている。気が弱いように自分でも思うな。人を統制する力はあまりない。『坂の上の雲』なんか読んでいると、えらい人には、妙に人を統制する力があるような気がするね。僕にはそういう力はないが、宗教的感覚ちゅうか、そういうものを持っているようだ。あとで聞いた話だが、母が僕を妊娠したとき、親父は、何日か斎戒沐浴して法華経を三部浄書し、一部は自分が養子だったから実家へ届け、一部は檀家寺へ、一部は本山に献上して、僕の安産を祈ったというんです。僕は次男坊なのに、なんで覺一なのや、と親父に聞いたら、仏法の第一義を覚る、そういう人間になれ、ということで、覺一という名前を付けたらしい。あまり深く研究したのではないが、法華経の解説を見ると、最も悪い人間の中に、何か取り柄はないかちゅうことを発見するのが法華経の精神だということが書いてあるんや。それは、刑事裁判官の一つの宿命ですわな。そういう考え方が入っているのが、僕の弱気の裁判の原因になったんやないかという気がするね。」

「僕の親父は、信心深かったな。僕が物心ついてから、毎朝お経をあげていたな。死んでから法事に帰ったとき、檀家寺の和尚さんから聞いた話だが、親父は、田んぼで耕していて、鍬の先でミミズを切ったら、しばし合掌して、それから耕したちゅう、生命尊重の精神を持っていたということです。最近みみずの本を買うて読んでみると、この地球上の土は、ほとんどすべて九割九分まで、一度はみみずの体内を通っており、それが農作物を生産する力になるんだそうです。だから、ミミズに感謝することが、土に感謝することであり、それが農民の精神なんです。土に感謝する精神即ミミズに感謝する精神、それでミミズに合掌していたようなんです。檀家寺の和尚が聞いているところをみると、そういうことを始終やっていたんじゃないかな。」（以後、網田さんの談話をカッコ書きで示す場合、特に断らない限り、前述の録音テープの反訳からの引用である）。

三　筆者が知るまでの網田さんの経歴

1　網田さんは、履歴書によれば、前述したように昭和四年一一月高等試験司法科試験（現在の司法試験に相当、ただ、当時は、もっぱら裁判官及び検察官養成のための制度であった）に合格し、昭和五年六月二日司法官試補（現在の司法修習生に相当、ただし、もっぱら判事及び検事の予備軍であり、完全な官吏であった）に任命され、大阪地方裁判所及び同検事局並びに大阪区裁判所及び同検事局において事務修習を命じられた。

2　網田さんは、司法官試補に任命されて後、間もなく強姦犯人として告訴され、検事の取調べを受けるという重大な事件の洗礼を受けた。戸主網田貞蔵（網田さんの父）の除籍謄本によれば、網田さんは、昭和五年五月一七日千賀孝善、同人妻ミツと婿養子縁組をし、同日孝善氏の長女初子と婿養子婚姻をし、その後、昭和六年一一月二日養父千賀孝善・養母ミツと協議離縁し、同日初子と協議離婚をしている。旧民法では、男を養子とする養子縁組の場合、同時にその養子が養親の娘と婚姻することを婿養子と呼んだ。

筆者は、網田さんの退官前、ご本人から、司法官試補在職中養家先の女中を強姦したとして告訴され、検事の取調べを受けたが、勿論実際は無実であった、幸い取調べに当たった京都地検の次席検事が事理をわきまえた人であり、嫌疑なしとして不起訴処分になった、という話を、児島武雄元裁判官と共に伺ったことがあった。そして、そのことが網田さんの刑事裁判官としての確固たる姿勢に決定的な影響を及ぼしたことを実感したことであった。

以下網田さんの談話によって、本人からその経緯を聞こう。

「司法官試補のとき、三国志を読むと、諸葛孔明が一九で結婚したいと言うて周囲を驚かしたと書いてある。若いときから、明けても暮れても女のことばかり気になり何も手につかんということで、一九で結婚したというんや。僕は、落第しながらだったので、大学を卒業したのが、昔流に言えば数え二八、今でいえば満二六や（大学卒業は昭和四年三月三〇日、当時満二六歳。以下、網田さんの談中の括弧内の記載はすべて石松の注記である）。卒業したが、就職先もなくすぐ結婚することもでけへんかったんや（高等試験司法科試験合格は昭和四年一一月二一日）。しようがないんで、童貞破ろうと思って遊郭に行った。そんなら君、一軒で淋病が移りよった。それを医者に早い目に治してもらったんや。それから早う結婚せないかんと思っていたところに、その治してくれた医者から婿養子の話があって、養子に行ったんや（縁組は、前記のように昭和五年五月）。それが退職検事の家や。その時分は、検事と言えば立派な人やと思うとるがな。しかし、うまいことといかなんで、一年ほどして逃げ出したんや。母親はヒステリーやし、父親は頑迷やし、女房は気がきかんし、それで飛び出したんや。

ところが、その家に一六歳になる女中がいたんや。昔やから。その女中を強姦したと告訴されよってね。僕がその家を飛び出してから、女房と同居中に強姦したというて、告訴されたんや。京都の警察、検察庁で、その女中を調べた結果、僕がその女中を強姦したことは間違いないということにされたんや。そして、その報告が、京都の検事正、大阪の検事正、大阪高検から司法次官の小原直まで届いてた結果、捜査担当検事に対し、穏便に網田を不起訴にして辞めるように勧告せよという指示がされた。

びっくりしたな、僕は。女中には指一本触ったこともないから、絶対にしてないちゅうて勤務庁の大阪の検事正に言うたし、友達も捜査をやり直してくれとやかましく言うたけど、聞きよらんねん。そんなこと言わんと、無事に辞めて弁護士でもせえと言うんや。それでも、僕は断固として聞かんねん。すると、検察庁で調べ直すことができるような材料集めて来い、と言うんや。

手がかりがないので、同期の司法官試補で後に検事正になった野崎君と、夜京都の検事正に会って、記録を見たいと言ったんや。勿論僕が記録見るわけにいかんかったが、運よく野崎君が記録を全部見てくれることができた。その結果、野崎君は、君、完全に強姦されたという調書ができていて、えらい記録になってとるでと言うんや。

それで、野崎君らにその女中さん本人に会ってもろうて、雇い主の親たち（網田さんの養父母）にそそのかされてありもせんことを言ったという供述一筆を取り、検事に調べ直してもらった。そのとき京都地検で僕を調べたのが、後に検事正になった木村という金持ちのおっとりした次席検事だった。司法官試補としての修習があるので、調べは夜だった。晩の早飯を食って、京都の地検に行くと、その次席検事から地下室で調べを受けて、いろんなことを聞かれた。女郎買いに行った話から詳しく聞かれて、あほみたいなことでも、答えなしょうがない。それは、ともかく夜中まで京都地検の地下室で二日間調べられ、苦痛を充分に味おうてん。ただ、木村次席検事は、穏やかな人で、丁寧に調書とってくれたんや。当時、勤務地の大阪地裁の所長から、木村次席検事に調べられて、君が潔白にならなんだら、見込みないわ、と言われていたが、当時、裁判所でも非常に清潔な検事とされとったんやろうな。その後、木村検事から、この分なら、君やめんでもいいわ、と言われた。その報告が僕の所属庁である大阪地裁を経て司法省に行き、小原司法次官の「そら気の毒やったな、そんなら本人に安心せえ言うてくれ」という言葉が伝えられ、首が飛ばずに済んだんや。

だから、検事や警察官の調書て、ええ加減なもんやな、ということがわかったんや。そのときは精神的に随分苦労したな。ああ、こんなことで強姦したとされることがあるんやな、いうことでね。相手に指一本触ったことないねん。一六の子どもやもんな。告訴されてええ加減な警察にかかったら、こんなでたらめな調書ができるんやなと、身にしみたんや。

この事件で感じたのは、判・検事というものは、不親切なもんやな、ということだった。同期の試補は一生懸命働いてくれたが、指導官は、事件について相談したけど、ほんまに指一つ支えてやろうとはせなんだ。自己保身やね。このときも強制捜査されていたら、僕も自白したかもわからんね。だから、僕は警察には絶対行かなかったんや。警察が来てくれと言ってきたが、警察なんか行く用ないといって行かなんだのや。孤立無援の中でこういう嫌疑受けるのはつらいもんやで。」

以上が網田さんの語る事件の実体である。

さらに、網田さんの裁判官としての姿勢に重大な影響を及ぼしたと思われるこの事件についての網田さん自身の感想を聞いてみよう。（養家側は、）随分思い切ったひどいことをしたもんですね、という質問者の問いかけをきっかけとして、網田さんは次のように語った。

「警察は、元検事の弁護士が被害申告したということを心得て対応したのだろう。女中のほうは、一六歳くらいだから、警察の言う通り言えと言い含められていたんだろう、と思う。もし僕がお尻でも触っとったらえらいことやがな。幸い全く触ったこともなかったから、自信を持って行動できたんや。

それまで、裁判官や検事というのは、正義漢が揃うとると思っていたがな。ところが、告訴するやつも悪いけどやな、司法官試補には指導官がいてるのにやな、誰も手引いてくれへんのや。君が潔白であるのやったら、無実を明らかにするのに協力したると言うてくれた指導官は誰もいなかった。いずれにしても、僕の人生で経験した最大の難題やったよ。もし、身の潔白が証明出来へんのやったら、死んでやろうかと思うたこともあったが、死んだらそれっきりやなという思いもあった。幸い調べ直してもらうことが出来て、身のあかしが立ってん。そういう経験を経て裁判官になったんで、辞めとうても辞められへんがな。だから、三〇年の間裁判所におったんや。

司法官試補（今で言う司法修習生、ただし弁護士志望はいない）といういわば孤立無援の立場にあるときに、強姦罪で告訴され、被害の調書が完全に出来ていて、報告が司法省（今では最高裁判所の管轄）まで行って、辞めろという勧告がきたんや。こうした場合、司法官試補である僕には、指導官である判事や検事正（当時司法官試補は、任命後間もなく検事代理に任命され、検事の職務を行っていたが、網田さんも、上記婿養子縁組成立より前、昭和五年六月に大阪区裁判所検事代理に任命されていた）など上司が少なからずいたのであるから、強姦したというのが間違いというのやったら、もう一回調べ直してみよう、調べ直させようと簡単に言うてくれるのかと思ったが、そうは言うてくれず、もう辞めえ、辞めえというばかりだった。こっちは、勿論捜査権をもっているわけではないから、頭を下げて頼み回るだけだったが、その中で上述したように、野崎君とともに訪れた京都地検の検事正だけが、話を真剣に聞き、電話を入れとくから、川端警察へ行ってみよと言ってくれた。その結果、野崎君が記録を読み、その女中に会って雇い主に言われてうそを言ったという一札を取って、検事に提出することができ、それで漸く調べ直してくれたんだ。もし、その女中が賢いやつで、金でもどっさり貰っていて、初めの供述を取り消したら、金を返して貰わねばならん、というようなことを雇い主から言われていたら、女中も真実を打ち明けなかったかもしれんが、そこまではしてなかったんだろうな。それで、女中も真実を言うて、調べ直してもらうことができたんや。

こんな痴情関係の問題は、その解決が疑問のままでとまると、潔白ということにはならんからね。だから、痴情関係の事件は、非常に難しいということを身にしみて感じたな。」

そして、この事件の結末について網田さんは次のように語った。

「それで、昭和六年一二月に試験（いわゆる二回試験）を受けるところが、勉強してへんし、落第してはかなわんので、一年延ばして、一期下の奥戸（後の大阪高裁長官奥戸新三氏）らの期と一緒になり、無事任官したんや。この事件で頭いっぱいやったし、勉強なんかできへんから、成績は悪いわな。それでもとにかく任官させてくれたわ。」

そのような先生のご経験は、後の裁判官の生活に影響を与えたんでしょうね、という質問に対し、

「そらそうですよね。僕が検事調書や警察調書の内容を信用せずに（網田さんは、調書の証拠能力を否定するよりも、その信用性を否定して無罪にすることが多かったと思う）、被告人を無罪にすると、昔やられた敵討っとる、というようなことを言う検事がおったな。敵討つなど、そんなあほなことするわけはないけど、そういう批判はあったね。

振り返ってみると、どんなに調書に巧妙に書いてあっても、被告人が全然無縁だということがあり得るということ、それを知ったことは貴重な経験でしたね。そやから、自白調書があったり、被害者がうまいこと言うとる調書があっても、無罪にした事件もようけありましたね。そういう裁判にこの経験が役立ったというと、検事は敵討ったみたいに思うようで、難しいもんでっせ裁判官というものは。

そういうことで遅れて任官し、成績が悪いから、田舎ばかり回ったんや。」

という答えが返ってきた。

四　網田さんの任官後の経歴の概略について

最初はどこですか、という質問に対し、
「最初は山口県の船木、それから一年半ほどして福山へ、福山に一年半か二年おって金沢に行った。金沢は一年や。次に、豊橋に三年半いた後、和歌山に一年か一年半おり、それから昭和一七年一〇月に大阪へ帰って来た。ちょうど丸一〇年。それも成績の悪い故や。」
と語られた。

ここで、網田さんの履歴書に基づいて、正確な履歴を記載しておこう。

昭和七年一〇月五日予備判事を命じられて大阪地方裁判所兼区裁判所勤務、
同年一月七日大阪地方裁判所判事兼区裁判所判事代理を命じられた後、
昭和八年七月二九日船木区裁判所判事に補職
昭和九年一二月二六日福山区裁判所判事に補職
昭和一一年一二月七日金沢地方裁判所判事兼金沢区裁判所判事に補職
昭和一二年一〇月二〇日豊橋区裁判所判事に補職
昭和一六年五月一〇日和歌山区裁判所判事兼和歌山地方裁判所判事に補職
昭和一七年一〇月一日大阪区裁判所判事兼大阪地方裁判所判事に補職

このほぼ一〇年間における補職の経過は、網田さんご自身の語る転勤の経過と符合しているが、このような頻繁な転勤は、判事補の転勤制度が事実上確立している現在においても異常であるが、当時としては全く他に類例を見ない異例のものであったと思われる。そのような異例な人事が行われた事情については、前述の強姦被疑事件が後を引いていることは間違いないのであろう。

その後、網田さんは、戦後の新司法制度のもとで、引き続き大阪の裁判所に在職し、昭和三八年四月一日の依願退官に至った。

五　戦前の網田さん

戦前の各裁判所における網田さんの言動も大変興味深いが、挙げると限りがないので、一つだけ、述べさせていただく。網田さん自身の語るところによると、

「和歌山におるとき、南方のテニアン島に囚人を連れて行って飛行場造ったんや。その囚人が出所してから、和歌山に来て、一杯飲んでしゃべりよってん。その男が、造言蜚語と別の窃盗とで起訴されたんや。ところが、当時、司法省の内規では、造言蜚語の事件は地方裁判所に起訴することになっとったんや。それを間違うて区裁判所に起訴した。すると検事正が慌ててね。監督判事を通じて、僕に検事正室に来てくれ、と言ってきた。何の用やと聞くと、事件のことやということだった。そこで、事件のことなら、検事正出て来いと言えと言うたった。事件外のことなら、検事正室に行くが、こと裁判に関することなら、区裁判所の判事も判事やから検事正出て来いと言うた。監督書記が帰ってそれを検事正に言いよった。そしたら、監督書記を連れて検事正が来よった。来た

のでびっくりしたが、丁重に応対した。すると、検事正は、「あれは間違うて起訴したんや、ご迷惑にはならんから、一件記録（当時は起訴状一本主義ではない。）を返してくれ、全部わしが責任負う」と言うんや。それに対して、僕は、「あんた責任負うちゅうたって、負うことができるのは、あんたの責任だけで、僕の責任まで負うわけにはいかへん。それはお断りします」と言うたったんや。知らん間に来て記録を破られたらどもならんから、立会書記に金庫にこの記録を仕舞わせた。それから日を決めて公判を開いたら、立会検事がおらんと言うてきた。その日検事を全部出張させとんねん。監督書記を呼んで、検事正に立ち会えと言わせたが、検事正は立ち会われん、という。そんなら、検事正在庁すれども故なく立ち会わず、と調書に書いて公判開いたるちゅうたら、検事正来よったわ。それで、検事正立ち会うて審理し、論告を求めたら、公訴棄却、間違うて起訴したということや。求刑しませんかというと、せんちゅうた。そこで、結審して有罪判決をした。他に窃盗がようけあったし、一審で確定した。検事局は大騒動や。検事正は後に懲戒になったそうだ。こっちは大したこととは思わんかったが、大騒動になってね。若気の至りで検事正を呼び付けたからな。この事件があってから間なしに、大阪へ転勤することになった。所長が当時の控訴院長に網田君を大阪に採ってくれと頼んだんや（当時、裁判官の転勤等の人事については、各控訴院長が大きな権限を持っていたようである）。ところが、いったん引き受けた控訴院長が、所長を呼び付けて、「君は、網田判事ちゅのを採ってくれちゅうけど、あれは、ずぼらで毎日魚釣りに行ってやな、法廷は開かんので、検事が弱っている。」と言ったらしい。僕は、所長室に呼ばれて、所長から、「院長に何かの間違いと違いますか、と言うと、院長は、そら君が知らんねんと言うので、おれ帰って来たんだが、そんなことあるんか」と言われたんや。そこで、僕は、「一遍も釣りに行ったことおませんで。第一、公判の日に開廷時刻に遅れたことおまへんで。この間、所長僕の部屋へ来て、前任者は事件を残していたが、君になってから事件片づいたと言うて礼言うとったやないですか」と言うたん。所長は、悪いやつがおるもんやな、と言って涙流したわ。結局、その検事正が敵討ちに言いよってんやな、そうとしかとれんがな、ということになり、所長がまた大阪に来て院長にそのことを言うてくれたし、奥戸君らの仲間もそんなことはないというてくれて、大阪へ来ることができた。大阪へ来るについてそんなデマが流された。恐ろしいところでっせ、裁判所というところは。検事正を呼び付けたお礼返しや。検事ちゅうもんはおそろしいでっせ。」

ということである。

六　戦後——日本国憲法施行まで

質問者は、まず戦後はずっと刑事事件を担当しておられたんですか、と問いかけたのに対し網田さんは、

「昭和一九年の暮、日本は負けかかって「戦局苛烈」という言葉が新聞に載るようになった。その昭和一九年末の配置換えのときに、闇取引を厳罰にせねばならんいうて、闇取引厳罰論、一審強化論が出てきた。当時は、闇取引の処罰は、区裁判所の刑事部が中心であった（当時の地裁は、すべて合議体であり、現在の地裁単独事件は、ほとんど区裁判所の管轄であった）。当時、区裁判所

の刑事部にいた僕は、どっかへやられるなと思うていたら、上席判事から、すまんけど刑事の一審を強化せねばならんので、民事に行ってくれ、と言われ、民事部に変わった。一月から八月まで、民事にいて、その間に欠席判決一件書いたわ。戦争に負けて、八月末ごろになって、上席から、もう一審強化の必要ないから、九月からまた刑事部に行ってくれと言われ、同意もくそもないわ、それからやめるまでずっと刑事ですわ。

昭和二一年八月ごろに地裁の合議部に行った。それまでは、合議不適任ということで、合議部へ回してくれんのですわ。昭和二二年の四月ごろ、代理裁判長になった。」

周知のように、昭和二二年五月三日に日本国憲法が施行された。網田さんが大阪地裁刑事部の代理裁判長として、活躍されるようになったのは、日本国憲法の誕生とほぼ時を同じくする。

第四章　司法修習生時代の筆者と網田さん

一　網田さんと筆者との出会い

網田さんの語るところによれば、戦前は、合議不適任というレッテルを貼られ、合議部には回してくれなかったが、戦後になって漸く合議部の構成員になったということである。そして、昭和二二年四月代理裁判長をするようになったが、その直後、同年五月三日から日本国憲法が施行された。裁判所の組織法である裁判所構成法も同日から裁判所法に変わった。網田さんは、同憲法下の判事に任命され、大阪地方裁判所判事に補せられた。

昭和二三年四月に司法修習生となった筆者ら第二期修習生は、いわゆる前期修習として集合教育を受けるべき司法研修所の建物が未完成であったため、当分の間、実務修習地の裁判所に配属されることとなり、大阪を修習地とする約三〇名は、全員大阪地裁刑事部に配属された（当時、民事部には、一期修習生が配属されていたように思う）。これまで経験したことのない多数の修習生を引き受けた刑事部はかなり困惑したらしく、よく社会見学に連れて行かれたように思う。何分古いことなのでおぼろげな記憶しかないが、その一つにＮＨＫ大阪放送局の人気番組の録音場面の見学があった。所定の席について録音開始を待っている間に、一団の修習生に混じりその先頭付近にいて談論風発的に面白おかしく話をしているオッサン風の人物がいた。何者だろうかといぶかしく思っていたが、あとでこれが網田という判事だということを知った。筆者が網田裁判官を認識したのは、正確に言えばこのときが最初である。

二　大阪地裁裁判長時代（第一次）の網田さんと司法修習生時代の筆者

筆者が司法修習生として配属された部は、第一刑事部であった。筆者の記憶では、一か月ぐらい経過したころ、同部のＨ裁判長（総括裁判官）が、大阪高裁へ転勤された。その後任として、着任されたのが網田さんであった。網田さんは、まだ総括裁判官の発令のない代理裁判長であったように思う。このとき、網田さんが法廷で被告人に与えた訓戒が筆者の職業選択に決定的な影響をもたらしたことはプロローグに書いた。

間もなく筆者ら二期修習生は、東京紀尾井町の新設司法研修所に入所した。同研修所での前期修習が終わり、実務修習庁の大阪地裁に戻った筆者は、まず刑事部を皮きりに現地修習を受けることになったが、筆者の配属先は、再び第一刑事部網田裁判長の部であった。

何分、将来の職業選択に大きな影響を及ぼした存在であっただけに、網田さんは、筆者にとって特別の先輩であった。したがって、この部に配属されている間、筆者は特に熱心に修習をした記憶が残っている。具体的なことは、忘れてしまったが、あるとき、強姦か強制猥褻致傷かの被告事件についての合議の際、筆者が青臭い議論を盛んにしたらしいのに対し、網田さんが、与謝野晶子の「やは肌のあつき血潮にふれも見でさびしからずや道を説く君」の一首を示して諭されたのが、断片的な記憶として残っている。

また、あるとき、裁判官と検察官とどちらが世間のことを知っているか、ということが修習生の間で話題になった。検察官のほうが世間をよく知っているという意見が強くなりそうになったとき、網田さんが口を挟んで、「朝から晩まで泥棒や恐喝を相手にしている検察官にどうして世間のことがわかるか、僕ら裁判官は、宅調日には三時ころから銭湯に行く。すると、いろいろな人が来ていて、背中を洗ってもらいながら、ゆっくり世間話を聞き、世間のことを幅広く知ることができる」という趣旨のことを言われたのが印象に残っている。筆者が現認したわけではないが、後年ある裁判所書記官から、網田さんは、銭湯で庶民と接触するために、高石(現、大阪府高石市)の自宅(晩年女婿の廣川邸に移られるまで、ここに住んでおられた)に浴室を設置しなかったという話を聞いたことがある。

網田さんは、戦後間なしの大阪地裁の裁判長時代を回顧して、次のように述べている。

「代理裁判長の時代は、旧刑訴事件をしばらくやった後、昭和二四年初めから施行された新刑訴事件を三か月ほどやっただけだ。それまで、区裁判所の事件、泥棒やヤミの事件ばかりやっていて、地裁に来たら、強盗殺人など、死刑や無期懲役の事件が多く、毎週一件や二件あるんや。こんな事件に比較すると、区裁判所の軽い事件で何人も懲役の実刑にやってきたのは、あれで良かったのか、えらいことしてきたな、と思った。」

その後間もなく、多分筆者らが司法修習生として他の実務修習庁を回っているうちに、網田さんは、大阪高裁に転出した。その事情について、網田さんは、次のように語った。

「新刑訴法が施行されてから、事件が控訴審に係属するまでには若干の日時がある。そこで、大阪高裁では、漸次旧刑訴部が新刑訴部に移行した。二番目に新設された新刑訴部には、斎藤朔郎判事が裁判長（総括裁判官）、松本圭三判事が陪席裁判官として配属されていた。誰か地裁から一人行かんかちゅうて募集があったが、誰も行く人おらんねん。何となれば、斎藤朔郎と松本圭三という有能な秀才が二人揃うとるやろ、そんなところへ行ったら、サンドイッチになってしまう、ノイローゼになってしまう、というわけだ。当時、僕は地裁の常任委員をしていて、応募者のないことがわかったので、高裁に行って、高裁に来るから僕を指名してくれと言うたところ、高裁で僕を指名しよってん。そこで、僕は高裁に行くことになったんや。それから、昭和三二年の一〇月一杯まで高裁におった。」

◎修習生時代、網田裁判官との出会い

安原：修習生で大阪に行かれたときに網田さんと初めて会われたのですね。網田さんをものすごく評価されて影響を受けたと言われている部分の、一番のところがちょっとよくわかりにくいんですが。例えば網田さんが闇米の被告人に「うまくやれよ」と言われる。つまり裁判官が違法行為を半分認めたような、しかし被告人のことをよく考えて言っているような感じです。石松さ

んが「こんな裁判官おるのか」と思った理由というのはどういうところですか。

石松：裁判官になるのは嫌やなと思っていますからね。つまり、われわれは闇米で生きてきているわけでしょう。特に僕は闇米をようけ運んどるんですよ。一方闇米を食わずに東京地裁の山口良忠判事が餓死した（昭和二二年）。大阪にもね、実は闇米を食わずに死んだ判事がおるんですよ、裁判官である以上、闇米を食いながら闇米を処罰するわけにはいかんだろうという気があって。それはもう当然ですわね。闇米は悪だとさかんに言われていて、そうでありながら、みんなこそこそやっているわけ、それで生きているんですよ。そのとき網田さんが、法律は人を生かすためにあるのであって殺すような法律は守らんで良いっていうことを法廷の発言で示したもんですからね。人を生かすための法律であって、人を殺すのが法律の目的ではない、裁判官が飢え死にしなければ裁判ができないというのはおかしいんだという。網田さんのその話を聞いて初めてふっきれた。

安原：たしかに、ドイツ法的な考え方をすればあり得ないですね。

石松：そりゃあ、正義のためには死ななきゃいかんということはあるんだろうけどね。しかし、法を守って闇米を食わずに死ねと要求する権利は、誰にもないはずです。といって法規制が全くなければ、もっと悲惨な結果となる。もっと巧みな統制法を作る一方で、法網をくぐって大儲けをする悪徳業者を処罰すれば良いが、それは至難の業である。結局一般国民は、細々と闇をやりながら、食糧事情の回復を待つほかなかった。その一般消費者や零細な運び屋を処罰する根拠はない。

安原：網田さんははっきりものを言う大胆な人だったんですかね、普通の裁判官はどうしていたのでしょうか。

石松：結構、厳罰にしている。そりゃそうでしょう、闇米を処罰しなきゃ秩序が保てないという思想が強いもんだから。見つかってきたやつがひどい目にあうだけなんですよ。だから、零細な運び屋で懲役刑の実刑になった人もおるんですよ。それを網田さんは全部罰金にして執行猶予をつけていった。

安原：ところで最初から裁判官希望だったんですか。

石松：いや、だからまだ裁判官希望ではなかった。

安原：網田さんの影響で「裁判官もやれる」というふうになったのですか。

石松：ええ。当時は、検事だったら罪は軽いなと思っていた。弁護士は口がないでしょ。自分でやったって食っていけんし。それで、検察庁にいたら、特に東京の渉外あたりにそのころいた検事はみんなやわらかい、人当たりの良い人間が多いんですわ。人当たりの良い人が多いもんだから、つい検事でもやれんこともないかなという気になっていて。検事だったらまだ罪は軽いと思っていた、それだけのことですわ。

安原：罪が軽いっていうのはどういう意味ですか。

石松：裁判官は最後の結論を出すから責任が最も重いということだけです。

安原：網田さんのような裁判官だったら私もできるかもしれないと思われたのですか。

石松：ええ、これなら僕でもできるなと思って。修習生になって大阪に着任して、最初に着いた部では、一か月足らずぐらいはH裁判長だったんです。Hさんが高裁に行かれたので、第一刑事部は上席判事が裁判長になって網田さんが代理裁判長になってやることになった。Hさんの法廷の仕切りは堅苦しいなぁ、被告人は何にもものが言えないなと思ってましたね、網田さんの法廷の雰囲気は、それとは全然違うんですよ。法廷に人間性を感じたというんですかね。それで僕は飛びついちゃったんですよ。

安原：自分は闇米を食っといて被告人には厳罰するというスタイルをとる裁判官は、本来的には戦争責任を負うべき裁判官連中だったということですね。その裁判官たちが生き残ってそのまま裁判官として裁判をやっていた。そういう人たちの力っていうのはどうだったんですか。それと網田さんはその当時孤立していましたか。

石松：必ずしも孤立ではない。もう世の中の雰囲気は変わっていたから。戦前、網田さんは、一〇年間ぐらいあっちこっち小さい裁判所をたらい回し的に転勤させられているわけですよね。それで最後は大阪区裁判所にいたんだけど何もやらせてもらえない、刑事事件はほとんどやっていなかったようです、でも、戦後になってからは網田さんもある程度、大事にされていたはずです。

第五章　判事補時代を中心とした裁判官生活——釧路地家裁勤務まで

一　筆者の大阪地裁初任時代

筆者は、昭和二五年四月希望通り大阪地裁判事補に就任した。司法修習生に採用された当時、筆者にとって、大阪の町は軽佻浮薄の巷という先入観があって格別の魅力はなかったが、修習中大阪地裁で味わった民主的傾向は、私をして大阪を任地として希望させた最大の理由であった。

初任の大阪地裁で、筆者は第一刑事部に配属された。網田さんは、すでに大阪高裁に転出されており、部の構成員は、総括裁判官（裁判長）佐々木哲蔵、裁判官（右陪席）戸田勝という構成であった。人は、新しい境遇に置かれた場合、すべて最初に経験した事象によって強力な影響を受ける。すでに述べたように、司法修習生になったときに網田さんに会って、刑事裁判に最も必要なこととして教えられたことは、社会の実態を知り、被告人の人間を洞察する能力を持つことであった。そして、新たに裁判官としての第一歩を踏み出した際、配属された部の裁判官、特に佐々木裁判長からは、刑事裁判における社会科学の知識とそれに基づく洞察の重要性を教わった。この二つは、どこまで実践できたかどうか全く自信はないが、少なくとも私の裁判官としての判断、行動の終始変わらぬ指針であった。

判事補に任官早々筆者の身辺に一つの事件が発生した。筆者は、任官当時勿論独身で兄夫婦の許に居候していたが。そこに同居していた嫂《あによめ》の弟が、教師として勤務していた某私立学園高等部の同僚の教師で、著名な社会事業家である同学園の学長の娘である女性を日本刀で斬殺するという事件であり、当人はすぐに自首して逮捕された。客観的な評価は別として、生真面目な性格で融通性のない本人の思いつめた末の犯行であったことは間違いないと思われた。事件は、マスコミによって大きく報道された。被疑者の弁護は、筆者の修習当時の指導弁護士であった和仁寶壽弁護士及び同弁護士を通じて毛利与一弁護士にお願いして快くお引き受けいただいたが、困ったのは私の進退であった。このときにも、一瞬金銭的余裕さえあれば、退官して若い頃からの希望であった農学部にでも入学してやり直すのだが、と思った記憶はあるが、それは所詮叶わぬ夢であった。おぼろげな記憶であるが、事件の発生は土曜日であったように思う。退官すべきかどうか迷った挙句、翌日の日曜日の夜、右陪席の戸田勝判事のお宅に伺って意見を求めて話し合ったが、なかなか結論が出ず、明日佐々木裁判長の意見をお聞きすることにし、さんざんお酒をご馳走になって深夜帰宅した。翌日登庁して早速佐々木裁判長に相談したところ、言下に辞めるべきでないと言われ、私は決断がついた。この事件によって、私の職務上の判断が不当に影響されないように自戒したつもりである。ただ、被告人の家族親族その他関係者の苦悩をまじかに見ることができたのは、私にとって貴重な経験であり、そのことによって、私の裁判官としての執務に際し、一般に被告人の家族親族その他の関係者の問題にも注目するようになったことは否定すべくもないであろう。それにしても、この事件を意識しながら、刑事裁判を続けることは、私にとってやはり心の重荷になっていた。ただ、私にとって非常に居心地の良い部であったことが救いであって、そのお蔭で格別問題なく仕事を続けることができたように思う。

この事件については、こういうことがあった。私より一期先輩で、当時大阪地裁に勤務していた山本一郎裁判官は、この被告人と旧制の大阪府立住吉中学の同級生であった。この山本さんが、勿論開廷日の関係で傍聴が可能であったからであるが、この事件の公判を毎回傍聴してくれていた。あるとき、この事件の笠松義資裁判長が、私に対し、山本君が毎回傍聴してくれているのを知っているかと言われた。私自身は遠慮して一回も傍聴しなかったが、山本さんのことは勿論知っていたので、承知していますと答えたことが記憶に残っている。山本さんは、そういう誠実の人であった。

ここで、山本さんのことに触れておくと、その誠実さは事件処理の上でも遺憾なく発揮された。昭和二〇年代には、大阪地裁でも、まだ令状部がなく、昼間のいわゆる勤務時間中もあらかじめ決められた当番の裁判官がもっぱらその処理に当たっていた。山本さんの令状請求に対する審査の慎重さは徹底していて、複雑で検察官提出の資料が膨大な事件では半日かかって一件しか処理できないというような例が少なくなかった。そのため、四人構成の部に所属してその日公判のない未特例判事補は、度々応援に駆り出された。私もその一人であるが、山本さんの徹底した令状発付に対する慎重審査の姿勢に敬意を持ったことはあっても、それを迷惑に思ったことはなかった。その後も、山本さんは、すべての事件処理にこのような姿勢を貫いたようである。一定の時期までの裁判所には、山本さんのそのような姿勢を評価するだけの余裕があった。山本さんは、大阪地裁から大津地裁を経て、最高裁刑事局付判事補となり、判事任官後も旭川地裁判事を経て、最高裁調査官に任じられた。ところが、その後裁判所部内において、慎重な審理より迅速な事件処理が強調されるようになるにつれ、山本さんは重要なポストから外され、地方裁判所の支部や簡易裁判所で勤務されるようになったと思う。山本さんは先年亡くなられたが、その裁判所における経歴は、戦後におけるわが国の裁判所の歴史を象徴しているように思われるのである。

二　初の無罪判決

この時代に陪席裁判官として担当した事件で記憶に残っている判決の一つに、被告人Uに対する軽犯罪法違反、公務執行妨害、同K及びTに対する公務執行妨害被告事件に関するものがある。少々冗長になるが、筆者にとっては記憶に残っているかなりきわどい最初の無罪事件であるので、以下に概略を記すこととする。

1　被告人Uに対する公訴事実

昭和二五年三月一〇日午後九時頃、被告人Uが大阪市内の街路上で、電柱に所有者の承諾を得ずにはり札をしたところ、警邏中の甲巡査がこれを現認し、軽犯罪法違反現行犯人と認め、付近の警邏連絡所に任意同行した。同所で、被告人Uは、甲巡査から住所氏名を聞かれたのに対して返答を拒絶し、暫くの間、軽犯罪法違反になる、ならぬと押し問答を繰り返した後、甲巡査から大阪市西警察署への同行を求められたが、これに応じなかった。そこで、甲巡査は、同被告人の逮捕を決意して同被告人に手錠をかけたところ、同被告人は、下駄ばきのまま右足で甲巡査の左外股を蹴りつけて、公務の執行を妨害した（軽犯罪法違反及び公務執行妨害）。

2　被告人T及びKに対する公訴事実

①　被告人Tは、同日午後九時三〇分頃、上記警邏連絡所において、甲巡査が被告人Uを前記西警察署に連行しようとした際、同警察官に対し、多衆の威力を示して脅迫し、かつ両手で同警察官の胸を押して公務の執行を妨害し、

②　被告人K及びTは、共謀の上、同日午後一〇時過ぎ頃、甲巡査が被告人Uを上記警察署に連行するため、市電に乗車しようとした際、同警察官の胸を突いて乗車を妨げ連行を不可能ならしめて公務の執行を妨害し、

③　被告人Tは、同日午後一一時三〇分頃、同区内の生活擁護同盟事務所において、逃走したU被告人を逮捕するため捜索しようした乙警部補の胸部を両手で押して捜索の妨害をして公務の執行を妨害した（以上、公務執行妨害）。

3　これらの公訴事実のうち、被告人Uに関するものについて、裁判所は、証拠に基づき次のような判断をした。

被告人Uが電柱に所有者の承諾を得ることなくはり札をしたことは明白であり、無承諾ではり札をしたことを正当ならしめる特別の事情があったものとは認められないとして、軽犯罪法違反罪の成立を認めた。しかし、はり札によって所有者の蒙る迷惑の程度は比較的に軽少であり、日雇い労働者であるU被告人が自己の政治的意見を一般大衆に表明するため他の手段をとるには相当の困難が伴い勝ちであると認め、この点について同被告人に対し刑の免除の言渡しをした。

被告人Uは、甲巡査の住所氏名の質問に対して終始返答を拒絶し、同巡査としては当時他に簡単に同被告人の住所氏名を明らかにするために採り得る適当な手段を持ち合わさなかったものと認められる点から見て、刑事訴訟法二一七条にいう犯人の住居若しくは氏名が明らかでない場合に該当する。勿論被告人が警察官の質問に対して住居氏名を供述すると否とは自由であるけれども、供述を拒否した結果、かような不利益を負担することはやむを得ないことである。また本件の場合直ちに被告人に対して手錠をかけたことは、本案が軽犯罪法違反事件であるだけに、事実上の行為として、やや穏当を欠くものであるかもしれないが、だからといって直ちに逮捕行為を違法ということはできない。本件逮捕が適法である以上、同被告人は、それが公務員の職務執行行為であることを認識していたとみとめられるので、仮令同被告人がそれを不当ないし違法行為と信じて本件暴行に及んだとしても、公務執行妨害罪の成立に何らの影響をも及ぼすものではない。

4　被告人T及びKに対する上記2①及び②の公訴事実についての裁判所の事実認定並びに法的判断は以下のとおりである。

(1)　上記連絡所の前には相当の人だかりがし、その大半は、①の顛末を見聞して甲巡査の処置に対し口々に非難の声をあげていた。その折、たまたまそこを通り合わせた被告人Tは、この顛末を聞知し、はり札をしたくらいで手錠をかけるのははなはだ不当であると考えて、甲巡査らに対して「手錠をかけたのは誰か」と詰問したため悶着を生じ、他の警察官らと協力して被告人Uを連行するため同連絡所を出ようとした甲巡査に対し、同連絡所の入口付近で、一四、五名の者の先頭に立って、「手錠を外せ」と叫びながら、両手で同巡査の胸を押し、他の三〇名ぐらいの群集も口々に同警察官を非難しながら気勢をあげた（上記公訴事実2①）。

(2)　その後、同連絡所にかけつた乙巡査部長が被告人TやUと話し合った結果、被告人Uの手錠を外せば本署に行くということになり、被告人Uの手錠を外し、K巡査ほか数名の警察官が付き添って本署に赴くべく、花園橋停留所から市電に乗車しようとした。すると、たまたまそこへ来合わせた被告人Kは、被告人Uがはり札をしただけで手錠を掛けられたと伝え聞いて、K巡査や応援の警察官らに対し、措置の不当をなじりながら、逮捕の理由を問い質したが、同巡査らが明確な説明をせぬまま、被告人Uを連れて乗車しようとした。ますます憤激した被告人Kは、同巡査らの乗車を止めて更に納得の行く説明を聞こうとする余り、同巡査の胸部を押して乗車を妨害した。被告人Tは、被告人Kの抗議を至当のものと考え、同様の気持ちでK巡査の胸を押した（上記公訴事実2②）。

(3)　上記2①および②の事実について考えて見るに、被告人K及びTが抗議の際とった上記のような態度は、言辞やや激越に流れるとともに、多少の有形力の行使を伴い、甚だ礼儀を欠いて決して穏当なものということはできないのであるが、公務員の職務の執行に対してある程度の抗議をすることは許容されるところであり、本件は有形力の行使というのも、前記のような事情で抗議するに当たって、感情の興奮を伴い、勢いの赴くところ自然反撥的に起こった一種の反射的挙動と認めるのが相当であり、この程度の行為では未だ公務執行妨害罪にいう暴行の程度に達していないと解するのを相当とする。

脅迫の点に関しても、上記連絡所前に集合した三十人ぐらいの群衆は、各自思い思いに期せずしてそこに集まったもので、内部的な結束も認められず、単に警察に対する不平非難の声上げたというだけで、その内容程度は、本件証拠によってはこれを詳らかにし得ないし、たまたま通り合わせた被告人Tも、その先頭にあって「手錠を外せ」と叫んで、抗議したのみであり、しかも相手方は相当の権力と実力を有する警察吏員であることに鑑みれば、上記の程度の言動をもって、被告人が多衆の威力を示して他人を畏怖せしめるに足る害悪を告知したものとは認め難く、刑法九五条にいう脅迫に当たらないと解するのを相当とする。

5　上記2③の事実についての裁判所の判断

この事件は、上記2①②の事件の後、逃走した被告人Uが上記生活擁護同盟事務所内に逃げ込んだと考えた乙警部補らが、出入り口の締められていた同事務所前に至り、被告人Uを逮捕するため屋内を捜索する旨を告げて開扉を要求し　内にいた被告人Tの令状を見せろという要求に対し、現行犯人がこの屋内に入るのを現認したといって中に入ろうとした際に発生した事案である。

被告人Tが乙警部補の胸部を両手で押して捜索を妨害したという公訴事実に対し、裁判所は、対立する証人の証言（被告人Tが両手で中に入ろうとする乙警部補の胸を両手で突いたという証言と、戸が開くと同時に四、五名の警察官が勢いよく中に入って来たため、自然的に被告人Tと警察官とが体当たりする格好になったという証言）と実際被告人Uがその事務所内にいなかった事実等諸般の事情に基づき、以下の通り判断した。すなわち、「少なくとも証人乙らが供述する如く被告人が積極的に乙警部補の胸を突いたという事実について、それが被告人の意思に基づかずに自然的に生起した現象ではないかとの或程度の疑いを抱かしむるに十分である。従って、被告人とM警部補との間に肉体的接触があったことはこれを疑う余地もないのであるが、果たしてそれが被告人の意思に基づく積極的行為に起因するか否かの点に関しては、本件各証拠をもってするも、未だ当裁判所に対しこれを積極的に解すべき確信を与えるに至らない。」と。

6　以上の理由によって、被告人T及びKについては、上記公訴事実全部について無罪の言渡しをした。

この事件について少々長く記載したのは、筆者の記憶によれば、この事件の被告人T及びKに対する無罪判決が、筆者の執筆した（佐々木裁判長や右陪席の戸田裁判官の筆はほとんど入っていなかった）最初の本格的無罪判決であって、当時はこのような判決が雑誌等に掲載されることもなかったからである。この判決に対しては、検察官控訴がなされ、その控訴事件は、大阪高裁の網田さんが構成員であった部に係属した。筆者は、自分の関与した事件の上訴審における帰趨にそれほど関心を持っていなかったが、網田さんがたまたま筆者の所属する地裁第一刑事部の裁判官室に何かの所用で来られたとき、たまたまこの事件に話が及んだ。網田さんがあの事件を通すのには（検察官控訴を棄却するのには）苦労したぞと言われたのが印象に残っている。

◎裁判官の戦争責任

安原：結局、青木英五郎さんが書いたように、裁判官の戦争責任というのがドイツとは違って問われなかったわけです。その戦前の意識が戦後の裁判所の中にずっときて、それがまた今の最高裁のような考え方の素地になっていると思うんですよね。その当時、そういう人たちの力はそんなに強くはなかったのですか。

石松：そんなに強くはなかった。僕は大阪地裁で修習生をして、それから裁判官になった。大阪地裁の裁判官として勤務している限りではあんまり感じなかったんですけどね。僕がまだ任官一年目のころ、地裁の常任委員会にオブザーバーとして出席していたときに、神戸地裁に学生などの騒擾罪が係属して（吹田事件なんかのずっと前です）、神戸の裁判所が大変だったときがあるのです。そのとき、大阪高裁長官に対して他の裁判所から神戸に裁判官の派遣をしてもらいたいという神戸の裁判所の要請があったようです。そこで、大阪高裁長官の指示で、大阪高裁の常任委員、並びに大阪、京都、神戸各地裁の所長及び地裁常任委員（大阪ではオブザーバーも含む）が魚崎の寮に集められ、神戸地裁の所長及び常任委員（騒擾事件の裁判長も含まれています）から、裁判官派遣の要請がなされました。その結果、大阪・京都地裁から何名かの裁判官が神戸地裁に応援に行ったと思います。そのころはね、今のように最高裁の指示だけで人事配置が簡単にできるという時代ではなかったんです。それは良かったんだけど、あの長官なんか古い裁判官の態度は、昔の軍隊とあまり変わらんなという印象を僕は持ったんですよ。だから大阪地裁の一部を除けば、一般的に古い体質が残っていたと思うんですよ。

安原：戦後、学校の先生が急に軍国主義から平和主義に変わった。裁判官なんかもっとひどいですよね。治安維持法なんかで強烈にやっておきながら、裁判官を続けている。そういう環境のなかで例えば網田さんが、執行猶予をつける、「うまくやれよ」というようなことを言って裁判をやっていること自体が、彼らにとって内心、ものすごく腹のたつことじゃなかったかなと思います。そのような圧力というのはあまりなかったんですか。

石松：網田さんに対する圧力というのもあったのかもしれませんけど、大阪地裁ではそれほど感じなかったんです。当時の大阪地裁は所長が小原直さんという非常に温厚で、一般裁判官の意見をよく聞かれ、細かいことは何も言わないというタイプの人でしたし、大阪地裁では民主的な雰囲気に浸っていたんですよ。所長がやんや言うようなことは一切なかったもんですからね。

そのつもりでおったら、さっきの神戸地裁に人を出せという会議のときに、やっぱりよその裁判所は違うなと思ったんです。そういう古い体質が残っていたことは事実なんだけれど、それがあんまり表面に出なかった時代ですよね。

安原：出しにくいですよね、世の中の雰囲気が、昔のことをやれる時代じゃないですからね。

石松：戦争責任を裁判官は追及されていないっていう問題は、確かにあるんだけれど、戦時中の裁判に対する恐れという雰囲気はあったと思うんです。古い裁判官には内心、後ろめたさというのはあったと思うんですよ。

◎佐々木哲蔵裁判長との出会い

安原：佐々木哲蔵さんとの出会いの中で社会科学の影響が刑事裁判に大事だということが書かれていますが、この意味はどういうことなんでしょうか。

石松：佐々木さんから僕は社会の科学的な研究をしなければだめだということを暗に教わりました。その代表的なのがマルクキシズムということになるんでしょうけどね。そういうものに対する理解がないと事件の本質に迫った裁判はできないんだということです。吹田事件もまだ起こっていないんだけど、もうかなりデモの弾圧事件というのはありましたからね。そういう事件に対する考え方、国民の権力に対する抵抗権、あるいは社会の発展はどうあるべきかというようなことに対してしっかりした見解をもつことが非常に大事だっていうことを佐々木さんから教わりました。

安原：事件の背景とか社会的な背景とかをきちんと捉えたうえで考えろということですか。

石松：判事室では戸田勝さんと、佐々木さんとそういう議論を随分していたんですよ。その三人構成だったですからね。

安原：この佐々木哲蔵裁判長はどういう方だったんですか。

石松：ええ。戦前満州に行かれたときは勿論、国家主義的な考え方で先頭を切って行ったはずなんです。でも戦後のシベリア抑留が長いんです。抑留から帰ってきた人は二つに分かれるでしょう。一つは鹿児島地裁の所長になった飯守重任さんみたいな、ああいうコチコチの右翼、それと佐々木さんを代表とするような、多かれ少なかれ社会主義に理解のある考え方を持ってきた人とね。淡徳三郎（社会評論家。京都府学連事件、三・一五事件で検挙され、昭和一〇年に思想犯保護団体大孝塾の特派委員として渡仏。シベリア抑留から昭和二三年に帰国）とシベリア時代に一緒におったたんですかね。それで淡氏の影響をかなり受けたみたいですね。

佐々木さんみたいな人は、どっちかというとシベリアからの引き揚げ者の中では少数者のようです。むしろ抑留中に思想を変えてきたというか、そんな感じだったと思います。もっとも、佐々木さん自身の思想変更の問題について、突っ込んだ話をしたことはありません。

抑留中のことはあんまり佐々木さんも語らなかったけど、抑留中に佐々木さんは思想改造しているんだと思うんですよ。

◎無罪判決を書くということ

安原：石松さんが初任当時にほとんど自分で判決文を書いたという無罪事件がありますか（八五頁参照）。刑事裁判官として、初めて無罪判決を書いたときは、どのような感じでしたか。

石松：任官後一年ぐらいの間、無罪判決は案外少なかったという記憶です。本書に掲載したのは、裁判官になって一年くらい経ってからの判決ですよね、あの判決が記憶に残っている私の関与した初めての無罪判決です。ゴタゴタしてわかりにくいかもしれんと思ったんだけど。

安原：要するに原理主義的にやれば有罪になる余地も十分にありますよね。でもそれはやっぱり、さっきの佐々木哲蔵さんの話ではないけど社会的な背景とか警察のやりかたとかそういうものに対する批判、ありますよね。

石松：警察批判、検察批判が刑事裁判の使命であるという気持ちが強かったからね。それは今でも同じなんだけど。あれはそういう意味で本格的に取り組んだ最初の判決ですわ。一生懸命書いた覚えがあるんですよ。佐々木さんの手はほとんど判決のなかに入っていないと思うんですけどね。

安原：まだ当時は古い体質の刑事裁判官がまわりにいっぱいいるわけですね。そこで俺は初任でこんな判決書いていいんだろうか、というようなことは思いましたか。

石松：それはなかったですな。うちの部の雰囲気ではそういうような気分は全くなかったね。意外と裁判所というところは、よその部の雰囲気というのが伝わらないものでね。うちは佐々木さんと戸田さんと僕でしょ。だからあまり抵抗がない。なんとかして無罪判決書きたい、書きたいと思っている。やっとそれがまわってきたと思って、今にしてみれば少々無理な判決かなという点もなきにしもあらずだけど、あれは一生懸命書いたですな。何も抵抗はなかった。

安原：躊躇とか恐れはなかったんですか。

石松：それはなかった。あの判決は検事控訴されてね。網田さんが陪席判事をしている部に係属したんです。網田さん、なんかの用事でわれわれの裁判官室に来たときに、佐々木さんが「あの事件どうもお世話になりました」と言ったんかな、検事の控訴が棄却されたことわかっていましたからね。そしたら網田さん、「あれはしんどかったぞー」って言っていたのを覚えています。

三　筆者の肺結核罹患から神戸地家裁への転勤まで

1　このようにして漸く安定した気分で裁判官生活に入ったが、その矢先、集団検診によって肺結核（両側に空洞）と診断され、自覚症状はほとんどなかったが、要休養と判定された。時期は、任官二年目の春から夏にかけての頃であったと思うが、仕事を実際に休んだのは昭和二六年九月頃から同年末までの数か月間だけであって、以後は、要軽業ということになった。まだ不治の病とされていた時代で、当時の結核に関する文献を読めば、悲観的にならざるを得なかった。ただ、戦時中を生き延びてここで病死したのではつまらない、という気もあって真面目に治療に取り組んだ。医師の指示に忠実に従い安静を守り、人工気胸術を受け続けたが、それほどの効果があったわけではなく、X線写真上、病巣に格別の変化はなかった。ところが間もなく、ストレプトマイシンを中心とする化学療法が急速に普及し、私もその恩恵に浴した。担当医は、少々病巣が古いのでどれほどの効果があるか疑問を持っていたようであったが、六か月ばかり施用すると、驚くほど病巣が縮小し固定した（自分の胸部X線写真だけは、かなり正確に読めるようになっていた）。病気発見以来僅々二年足らずの間の出来事であった。

◎闘病生活のこと

安原：病気されていたことについて書かれていますが、これはいつですか。

石松：うん、任官二年目の初めの頃です。二年目の集団健診でわかったんです。夏休みの前に健診で、一時休業命じられました。佐々木さんあたりは「誤診と違うんか」って言って、お前は元気が良いし戸田さんと間違えていると違うか」って言ってましたな。でも間違ってないんですよ。それで僕は夏休みになってからかもしれないけど、九大の放射線科に行って診てもらった。当時の九大の放射線科には五高水泳部の先輩同僚がいっぱいおったんですよ。それで診てもらったらレントゲン写真見て、「こらいかん」って言ってね。タバコはやめろって全部取り上げられた。当時、九大は結核に対しては絶対安静しか有効な治療方法はないっていう考え方だったんです。タバコは高校一年生から吸っていたから一〇年間吸っていた。それでタバコを取り上げられ絶対安静だと言われました。大阪へ帰って、結核予防会でもう一遍診察受けて、裁判所を休み、人工気胸術を受けました。人工気胸というのは肺を安静にし、その間に結核菌の病巣を体の組織で包み込み、酸素の供給を断って結核菌を死滅させるという、相当古くから行われている治療方法です。激しく呼吸をしていると、肺の病巣にいる結核菌に酸素が十分に供給され増殖し続けるので、肋膜腔すなわち肺と肋膜の間に空気を入れるわけです。そうすると肺が圧迫されて空気＝酸素の供給が減るとともに肺を安静にして体の組織が結核菌の病巣を包み込む作用を助けるというわけです。要するに安静療法の一つなんです。空気を入れたときは圧迫感があって、おとなしくしていますが、空気はひとりでに抜けていくんです。それで一週間に一度ぐらいずつ、空気を入れていくんです。

安原：肺の活動を抑えて、結核菌が広がらないようにするためですね。

石松：そうそう。固定して空気の供給を少なくし、その間に体の組織が病巣（空洞）を包み込んで酸素の供給を断ち結核菌を死滅させるというわけです。もっとも結核菌の抵抗は頑強で容易に死滅しないんです。要するに安静の一手段なんです。安静と同時に、人工気胸をやらされていたのですが、意外に早く、一年もしないうちにストレプトマイシンが一般に施用されるようになったんです。

安原：闘病生活というのは一年半ぐらいですか。

石松：いや、闘病生活というのは長いわけだけれど、人工気胸とストレプトマイシン施用期間を含めて三年ぐらいやっていますわ。入院してないです。仕事は三か月ぐらい休みました。それから軽業を要するということで出勤したんです。

安原：その当時、どんなことを考えましたか。死を考える場面もありますよね。

石松：ええ、当時不治の病といわれていたからね。一番悲観的にさせる本は松田道雄の『結核をなくすために』（一九五〇年、岩波書店）という岩波新書ね。あれが一番ね、悲観的になる本ですわ。それから二、三冊読みましたが、これは安静にせないかんから今度転勤のときには静岡かどっかね、あったかいところにでもやってもらってのんびりしようと思ってたんです。

ところがね、ストレプトマイシンを施用するとね、レントゲン写真が一気にきれいになったんです。当時は、一か月に一回か二回はレントゲン写真撮っているでしょう。自分のやつはわかるんですわ、ここは病巣だってね。自分のやつだけしかわかりませんけどね。それがストレプトマイシンを六か月施用すると、医者はちょっと病巣古いから効かんかもしれませんって言いながら使ったんですが、それが一気にきれいになったです。
安原：今と違って、抗生物質がない時代だからよく効くんでしょうな。
石松：それで元気になった。それでも安静にせいって言われていたから、神戸に行ってからも安静にはしていたんですが、でも軽業を要するとか言われながら結構仕事させられたんですわ。

◎裁判官と病気

安原：今のお話から関連して、裁判官と病気ということを考えることはありますか。
石松：うん、それは。裁判官と病気っていう大げさな事じゃなしに、その当時は、俺はもうあんまり裁判官として派手なことはできないと思っていたもんだから、一時はね。さっき言った通り、温暖なところでぼちぼちやっていこうかなと思っていた。戦争で死なずにここまで生きてきたんだから。そう思っていたところストレプトマイシンが間に合ったわけですわ。
安原：それで、もう一回頑張ってみようという気になったんですね。
石松：うん。ただストレプトマイシンを施用したのは神戸地裁に転勤した前後のことです。その前に大阪地裁でのことを少しお話します。当時の大阪地裁は、僕らが初任で着任したときには、ポストとしては刑事が三つ、民事が一つ空いてた。四人来たんですよ。僕はね、馬鹿正直に「何でもやりますからどこでも結構です」と答えたんですよ。あとの三人はみな民事を希望したんです。「どちらでも良い奴は刑事に行け」といわれて刑事をやらされたんです。それであとの三人でくじ引いて、一人が民事に行って、あとは刑事担当になったんです。それで一年九か月ぐらい経ったときに、家庭裁判所に行った者と交替することになったんです。しかし僕は病気だっていうことでそのときは交替を免れたんです。ある同期の裁判官で僕に「君、病気になって家裁に行かないで良かったな」って言った者がおるんです。僕は、馬鹿なことを言う男だと思ったけど、そのときは何も言いませんでした。裁判官の中には、健康より家裁担当を免れるのを喜ぶ者が意外に多いようです。僕は別に家裁に行くことを嫌ったわけでもなくて、それも経験だと思ってたんだけど、健康上の理由で三年間刑事におったんです。ただ佐々木さんが司法修習生の指導官になって忙しいから、笠松義資裁判長の部に所属することになったわけです。

2　昭和二七年一月から、昭和二五年任官のわれわれ地裁勤務組と家裁勤務組とが交替することになったが、筆者は半病人ということで地裁に留め置かれた。ただ、所属の第一刑事部は、修習生の指導部となって多忙だということで、筆者は第四刑事部に配置換えとなった。この年、昭和二七年の六月、いわゆる吹田事件と枚方事件が発生し、吹田事件は第一刑事部に、枚方事件は、私の所属する第四刑事部に係属した。

半病人扱いであった筆者は、枚方事件を担当することはなかった。しかし、前述したように、当時は大阪地裁にもまだ令状部は設置されておらず、逮捕状、勾留状等の令状事務は、あらかじめ指定された当番の裁判官が処理し、保釈関係の事務は、当該事件が係属する部の姉妹部（反対部）で処理することになっていた。筆者の所属する第四刑事部は、第一刑事部と姉妹関係となっていた。このような職務分担のところに、筆者が出勤しているとき、第一刑事部に係属した吹田事件の被告人数十人の保釈請求が出され、これを私が担当することになった。その内訳は、首魁として起訴された者二名、他はすべて率先助勢者ないし付和随行者であった。当時の騒擾罪（現行法では、騒乱罪）の法定刑は、首魁（現行法では首謀者）は一年以上一〇年以下の懲役又は禁固、指揮者又は率先助勢者は、六月以上七年以下の懲役又は禁固、付和随行者は二五〇〇円以下の罰金であった。そして、当時の刑事訴訟法八九条によれば、これらの犯罪によって起訴された被告人は、罪証を隠滅すると疑うに足りる相当な理由がない限り、いわゆる権利保釈として、保釈を許さなければならなかった。検察官から提出された証拠資料を検討してみると、単なるデモ参加者は付和随行者、火炎瓶を投げる等の行動を現認されている者は率先助勢者、現場で指揮、扇動等の行動を現認された者が首魁として起訴されており、証拠資料は、ほとんど警察官の目撃供述のみであって、隠滅の対象とはなり得ないものであった。そこで、筆者は、罪証隠滅のおそれありとして首魁として起訴された一名について保釈請求を却下しただけで、その他の被告人については全部保釈を許可して帰宅した。格別変わった裁判をしたという意識もなかった筆者は、翌朝起きて新聞を見ると、吹田事件大量保釈という記事がデカデカと書かれており、筆者のした保釈許可の裁判の全部に対して検察官から準抗告がされ、その夜裁判所に近い官舎居住の裁判官が多数動員されて準抗告の審査に当たり、その結果、筆者の保釈した首魁の一名についてだけ保釈が取り消され、その他の被告人についてはすべて準抗告が却下されたことを知った。

私は、この準抗告審の決定に対しては、勿論何の不満もなかったが、さも異例な措置であるかの如く大々的に報道したマスコミの姿勢には驚くとともに甚だ不満であった。ただ数日後、朝日新聞

（大阪版）がY記者の名で、この事案についての、大阪地検次席検事と筆者の意見を公平に併記して報道してくれたのは有難かった。そして、任官早々のころにこのような洗礼を浴びたので、以後マスコミのセンセーショナルな報道にもそれほど心を煩わされることはなかったと思う。

◎吹田事件の保釈

安原：そこで吹田事件の保釈にかかわるわけですか。

石松：うん、僕は、笠松義資裁判長の第四刑事部に所属していたが、たまたま非開廷日に何かの用事でひとり出勤していたときに、どっと吹田事件の被告人に対する保釈請求が来ました。僕の記憶では、四〇ないし五〇人の被告人に対する請求が来たように思うけど。騒擾罪は首魁（首謀者）が一年以上一〇年間以下の懲役または禁固でしょう。当時の刑事訴訟法八九条一号によって保釈しなくてもいい場合（権利保釈の例外）には、今みたいに短期一年以上の懲役または禁固は含まれておらず、死刑または無期の懲役・禁固だけだったんです。そうするとね、首魁は一年以上一〇年以下の懲役なんですから勿論これは権利保釈なんですよ、罪証隠滅のおそれさえなければね。率先助勢者や付和随行者は、勿論権利保釈に当たります。それで首魁一人だけ残して全部保釈したんです。そうしたら、検事が全部、準抗告したわけです。これについて、検事が保釈裁判官で執行停止してもらえるかどうか打診にきたようでした。当時大阪地裁では、保釈決定した裁判官が執行停止することはなかったので、書記官が「なんか検事が言うてきたけど、もう追い返しときましたよ」というのを聞いて私は帰宅しました。ともかく準抗告が出たもんだからその夜官舎の裁判官が大勢動員されたんですわ。その結果、もう一人の首魁だけが保釈を取り消されてたけど、その他の被疑者については、僕の判断、裁判通りになったんです。ところで、あくる日、新聞を見たら「吹田事件、大量保釈」と一面に大きく出とるんですよ。それでびっくりしてね、新聞に大きく載ったのはあれが初めてですわ。その数日後朝日新聞のYさんという記者が、当時同新聞にあった主なニュースの対立当事者の意見を平等に取り上げる小欄に、僕と次席検事の意見を両方対等にきちんと書いてくれたんです。僕はそれ以来、新聞記者というのを信用したんですけどね。

安原：自分を変えたっていうのはどういう意味ですか。

石松：あぁ、それはね、マスコミに大きく書かれても、こたえなくなったということ。

安原：自信を持ったっていうことですかね。

石松：当時は、勿論保釈をした裁判官の氏名を明記して、さも異常な決定であるかのような雰囲気で書いていることは間違いないですから、あんなに書かれるといやだったですよね。だけど、そのあとでそういう弁明を、きちんと取り上げて、検事の言い分と、僕の言い分を両方ちゃんときちんと書いてくれました。

安原：今のマスコミにはあり得ないですね。

石松：相手は次席検事でしょ。こっちは判事補三年になったばかりの新米ですからね。

安原：あの無罪判決との前後はどっちですか。

石松：それはね、もう、あとですわ。もう笠松さんのところ行ってからです。それで、その新聞記事の小さい欄を、婚約中の女房が切り取っておいてくれた。女房が僕の仕事に関心を持ったのはそれだけですわ。以後は全然関心ないです。

その記事の中で次席検事は法律を改正しなきゃしようがないと言ってましたが、それが問題になってきて、刑事訴訟法の一部を改正になったんですよ。翌年の昭和二八年法律一七二号で、騒擾罪の首魁が権利保釈に当たらないように、短期一年以上の懲役禁固に当たる罪が権利保釈の例外になったんですけど。

安原：それがきっかけですか。

石松：それがきっかけだと思うんですよ。その後、だいぶん経ってから佐々木さんが僕に「石松君の保釈決定が、法律を変えたね」って言ったんですよ。佐々木さんは、悪意じゃなしに、お前の裁判が悪いとは言っていないのでしょうけど、言われてみると、一瞬「あんな決定をするから法律が変わってしまった」と言われたような気もしましたね。

安原：より厳しくなったという意味で。

石松：より厳しくなったんですよ。

四　判事補の転勤問題と筆者の神戸地家裁転勤

筆者の大阪地裁在勤（第一次）中、判事補の定期的な転勤問題が起こった。戦前から、裁判官の転勤は、個別的、例外的に、主として控訴院長間の交渉によって行われ、定期的、組織的な転勤制度はなかったように聞いていた。現に、筆者が司法修習生として大阪地裁に配属されてから見聞したところによれば、大阪地裁高裁に任官以来一五年も二〇年も継続して在勤しているという裁判官は、珍しくなかった。これに対して、心ならずも僻地の裁判所で任官した者を何時までもその裁判所に在勤させて良いのか、適時に大裁判所在勤の裁判官と交替させるべきではないか、という考え方が主張されるようになったらしく、大阪にも最高裁人事局長が来て、判事補を集めて説得に当たった。

かなり長時間にわたって議論が行われた。筆者はその内容について具体的な記憶はない。ただ、一方で、憲法は、法曹一元を指向して下級裁判所裁判官の任期を一〇年と定めており（憲法八〇条）、一〇年の任期の間には原則として転勤はあり得ないはずであり、過渡的な制度である判事補については、法曹一元裁判官についての考え方は、そのままには当てはまらないとしても、判事補にも意思に反して転所させられることのない保障があり（裁判所法四八条）、また、当時すでに判事補に五年在職すればほぼ例外なく判事の職務を行う制度が実行されている（判事補の職務の特例等に関する法律一条一項）ことなどを指摘して、判事補にも転所の保障があることを強く主張する意見もあった。しかし、心ならずも小規模裁判所へ赴任した者のことを考えると、結局三年なり四年なりの期限で大裁判所と小裁判所の間で交替を認めるのはやむを得ないであろうが、転勤裁判官の真の納得を得ることが肝要であるというような考えが大勢を占めたように思う。

そのような経緯を経て、昭和二七年、同二八年に一期二期司法修習の判事補の転勤が相次いで一斉に行われたように思う。筆者は、同二八年神戸家地裁（実際の仕事は地裁）に転勤した。

五　筆者の神戸地裁時代

神戸地裁に転勤して民事部を希望したが、三年間刑事の経験しかない者に民事をやらせるわけにはゆかないという理由で刑事部に配属された。まだ、「要軽業」か「要注意」のレッテルは着いていたと思うが、仕事はほとんど一人前に与えられていたと思う。

神戸時代の思い出の一つに総括裁判官指名問題がある。下級裁判所（高等裁判所以下の裁判所）には、簡易裁判所を除いて、部を置き、部の事務を総括する者を総括裁判官といい、裁判事務については、総括裁判官が合議体の裁判長となる。これが戦後司法における部の制度である。そして、昭和二三年八月一八日制定当時の下級裁判所事務処理規則四条五項は、「部の事務を総括する裁判官は、……（長官、所長等当然総括裁判官となる者を除いて）……毎年あらかじめ、最高裁判所が、当該裁判所の意見を聞いて、指名した者とする。」と規定していた。当該裁判所の意見というのは、その裁判所の裁判官会議の意見ということになるが、大規模裁判所では、この点についての裁判官会議の意見を聞く方法として、裁判官会議の構成員、すなわち判事（特例判事補を含む）全員による投票を行うことを例としていた。ただ、大阪地裁では、この投票を未特例判事補を含む全裁判官で行い、所長は、その結果を尊重して最高裁判所への意見上申をする旨、規則をもって規定し、その通り実行されていた。

筆者らの世代の裁判官は、未特例判事補といえども、合議においては裁判長や右陪席裁判官と同等の評決権を持っており、勿論経験豊富な先輩裁判官の説得により、その意見を正当なものとして承服できればそれに従うが、それに納得できない場合は、あくまでも自説を貫いて法定の方法に従って評決すべきであるという考え（当然の考えであるが）を堅持していたと思う。そのような考えから、総括裁判官の選挙に未特例判事補も一票の権利を持つということに何の抵抗もなかった。

ところが、神戸地裁に赴任してみると、総括裁判官として誰を上申するかについての意見は、判事（特例判事補を含む）のみの投票によって決定することになっていた。筆者は、神戸地裁に赴任してこのこと知って遺憾に思い、その年の暮れ近い裁判官会議の直前に、幾人かの同志とともに未特例判事補に呼びかけ、その全員の賛同を得て、総括裁判官の投票を行い、その結果を裁判官会議の席上で公表した。議決権のない未特例判事補といえども、意見陳述権はあるので、このことには何の反対もなかった。投票結果については、有資格者による投票結果との間に、当選裁判官が異なるような顕著な違いはなかったが、当選裁判官の票の獲得数には興味深い食い違いがあったような記憶が残っている。

その翌年昭和二九年末の裁判官会議でも同様のことを行った。ところが、その翌昭和三〇年一一月、下級裁判所事務処理規則四条の改正が行われ、最高裁判所は、下級裁判所の長の意見を聞いて、その下級裁判所の総括裁判官を指名することとなった。すなわち、裁判所の意見が裁判所の長の意見と改められたことによって、総括裁判官指名に関する判事（特例判事補を含む）の投票はなくなり、未特例判事補の意見の取りまとめも消滅した。もっとも、大阪地裁では、この規則改正後も長く、未特例判事補を含む裁判官全員の投票が行われ、所長は、その結果を尊重して、その通り総括裁判官指名についての意見を上申していた。この点については、後に述べることがある。

前述したように、筆者は、神戸地裁に赴任したときから、民事裁判を担当することを希望していた。着任した二年九か月後の昭和三一年一月から漸く希望が入れられて民事部に移ることができた。しかし、その年の三月には神戸在勤三年となり、転勤期であり、事実奈良地裁への転勤交渉を受け、承諾書も提出した。四月には転勤するつもりであったところ、真実の理由は、全く不明であるがこの転勤は取り消しとなり、結局その年末まで、神戸地裁で民事事件を担当した。最初の民事事件担当であり、いわゆる左陪席であったが、当時すでに特例判事補になっていたため、民事担当後間もなく、右陪席のN裁判官と左陪席の筆者が全単独事件の二分の一と合議事件の二分の一ずつの主任を担当し、裁判長は、合議事件の裁判長のほか難しい事件の準備を全部担当することとなった。合議事件の判決書の作成には、随分裁判長の手を煩わしたが、少なくとも形の上では理想的な執務体制であった。河野春吉裁判長が非常に活発な訴訟指揮をされる方であったため、一年間の経験であったが非常に勉強になったように思う。

このようにして、初めて民事部を経験したが、今まで希望に反して長く刑事部にいたということを思いやってくれたせいであろうか、この民事担当の僅かの間に、大阪高裁で開催された行政事件裁判官会同に出席する機会を与えられた。この会同には、各地裁裁判官のほか、管内各弁護士会から各一名の比較的練達の弁護士が参加していたと思う。戦後民事事件が実質的に動き出してから間もなくの頃で、殊に行政事件は、古い裁判官も未経験であるため、駆出しの筆者も、出席されていた高裁のK裁判長とかなり活発な議論をした。ところが、しばらく日を経た頃、所長から、「先日の会同に神戸から出席した弁護士が所長室に来て、神戸から出席していた若い判事補が、高裁のK判事を相手に堂々と議論をしていたという話をしていた」と言われた。どうやら、これが噂となって、後に釧路で民事事件をやらされる機縁となったようである。世の中の因果は、図り難いものである。

神戸時代の思い出をもう一つだけ、付け加えておこう。筆者は、神戸転勤と時を同じくして結婚し、新居を堺市内に定めたので、堺から南海電車、地下鉄、国電を乗り継いで通勤した。網田さんも、大阪での裁判官時代、前述したように大阪府下高石町（現高石市）に住み、南海電車で通勤されていた。大阪高裁勤務の網田さんの出勤時間が早く、神戸地裁勤務の筆者のそれが開廷時刻すれすれで遅かった関係からであろうが、度々同じ車両に乗り合わせていた。超満員の電車であって顔を合わせたことは一度もない。ただ、乗客と並はずれた大きな声で談笑している網田さん独特の声が聞こえてくるだけであるが、相手は、知り合いの場合もあり、初対面の人の場合も少なくなかったようであり、話の内容は多岐にわたり、聞いていて思わず笑いを催すこともあった。とかく他人と自由に話すことの苦手な筆者は、網田さんの声を聞きつつ、うらやましく思ったことであった。

かつて、昭和五〇年代の後半のころ、先日他界された滝井繁男（後に最高裁判事）弁護士が大阪弁護士会の広報委員として網田さんにインタビューした際、網田さんが「裁判官でもね、裁判長になったらね、家を出て法廷へはいるまで誰とももものを言わんという生活態度ですよ。ものを言うと疲れるでしょう。駅へ行っても、なるべく知った人には避けるんですわ、電車に乗っても、なるべく人とものを言わんように、それで裁判所へ平静な心境でずっと法廷に入って、入ったらもう好き勝手をいいますけどもね。そういう方針できておったんです。ところが辞めたらね、もう翌日から、駅へ行ったら、誰か知ったんがおらんかなあと、電車に乗ったらべっぴんおらんかなあと。そういう気持ちの余裕ができるのやね。」と語ったことがある。

ご本人の気持ちはそうであったかもしれないが、これが客観的な事実であるかというと、決してそうではなかった、と私は思う。判決した事件について、裁判長の名前だけ挙げていろいろの新聞報道がされると、知人に出会っていろいろ尋ねられることはできるだけ避けたいと思うのが自然である。網田さんとてその例外ではないと思うけれども、裁判官が庶民と交わり庶民的感覚を失わないことを何より重く見ていた網田さんがそれほど知人と会うて話をすることを避けていたとは思われない。上述の談話は、地裁の裁判長をされているときのことを取り上げての話ではあるが、高裁の陪席裁判官時代であると、地裁の裁判長時代であるとによって、話の内容について制約を受ける程度に差異があったとしても、電車内で乗客と大声でしゃべっていたのは、終生変わらなかったと思う。

六　筆者の堺支部勤務時代

昭和三一年の暮れ、大阪家裁堺支部に転勤交渉を受けた。堺市内に住居のあった筆者は勿論承諾した。それまで家裁堺支部の事件は、家事事件も少年事件も全事件を一人のM判事が処理していたが、筆者が赴任すると同時に、新家裁堺支部長も着任されて家事事件を持たれ、筆者は少年事件だけを担当することになった。それに優秀な調査官にも恵まれ、健康も回復し、かなりゆとりのある生活を送ることができた。読書の遅い筆者が、岩波文庫の白帯をかなり読むことができたのも一つの収穫であった。

家裁堺支部勤務は、昭和三四年三月まで、二年三か月であった。少年事件だけの担当で、同支部管内、すなわち大阪府の大和川以南の地域の全少年事件を一人で処理することとなった。ただ、観護措置決定をした少年については、当時大阪市内都島にあった少年鑑別所まで出向いて審判する余裕がなかったので、本庁に回付して審判してもらっていた。ただ、観護措置決定する場合、護送する職員の関係もあって直ちに少年鑑別所に送らず、裁判所に隣接する堺拘置支所に七二時間仮収容した(少年法第一七条の四)。

この七二時間は、堺支部において、自由に調査審判に使えたので、これをかなり利用した記憶がある。というのは、この七二時間、少年は、昼間勿論横臥することは許されず、座位を保ったまま独居して過ごさなければならない。身体を拘束され独居させられた人間にとっては、最初の一日二日が最も苦痛であり、このまま拘束が続くとどんなことになるかと不安になる。たいていは、平素勝手気ままな生活をしている少年である。何度か鑑別所に送られた経験のある少年は別として、初体験の少年は、このまま二週間、あるいはそれ以上も拘束が続けば到底耐えられない、というような気持ちになることが通常であろう。そこを狙って三日目ぐらいに調査のために保護者とともに呼び出す。少年は、ほとんど例外なく、鑑別所に送るのは止めてくれと哀願する。中には、床上に座り込んで泣くような者もおる。安易に泣き落としを信用してはならないが、ある程度時間をかけて接すれば、少年の心も少しは読めるような気がしていたので、勿論少年の保護環境をも合わせ考慮し、かなりの少年をこの段階で在宅での調査・審判に切り替えていたように思う。勿論、初犯者を中心とした措置であるから、当然のことといえばそれまでだが、このようにして在宅保護に切り替えた少年の更生率は非常に高かったと思う。少年の素質と環境に対する科学的調査、鑑別を軽視する野蛮なやり方だという非難は当然あると思うが、生きた少年審判に必要なのは、審判官と少年との間で心が通うことであると思っていた筆者はこの方法を大いに利用した。それはともかく、この二年余の間に、大阪府の大和川以南の地域の主だった不良少年とそのグループの動向をほぼ正確に把握していると自負するまでになっていたので、地裁堺支部への転出を求められたときは、いささか惜別の情を味わった。

一つだけ少年事件の経験を述べておこう。管内の小企業で働く一人の少年が、雇い主を軽貨物自動車に乗せて岡山県下の幹線道路を走行中、運転を誤って道路脇の谷に車を転落させ、同乗の雇い主を負傷させた（自らも負傷した）という業務上過失傷害事件が送致されてきた。調査の結果、非行歴もないし雇い主も寛大な措置を望んでおり、調査官の意見も不処分であった。筆者も同様の意見で審判に臨んだ。審判には少年とその雇い主が出頭した。型通り審判手続を進め、以後特に慎重な運転を心がけるように訓戒して不処分にしたが、事件当時少年が下駄を履いて運転していたので、特にその点を捉えて厳重に注意した。そのとき、それまで素直に訓戒を聞いていた少年が一瞬不満げな顔つきをした。それに気づいた筆者は、ちょっといぶかしく思ったが、そのまま審判を終わった。ところが、数か月後少年が、家裁堺支部に出頭してきた。調査官が面接して事情を聴くと、少年は、この事件のとき、車を運転していたのは雇い主であるが、無免許であった雇い主に頼まれて、替え玉運転を引き受け、虚偽の供述をしたが、雇い主がその対価として約束していた利益を与えてくれない、どうしたら良いか、という相談のため出頭したのであった。調査官は、調査の結果、少年の新供述が真実であると判断し、雇い主の事件を警察に通報したところ、警察も同様の判断で、雇い主について立件し、その処罰のための手続を進めた。

調査官から家裁における処置の相談を受けた筆者は、犯罪事実の存在を認め、要保護性の軽微ないし欠缺を理由とする不処分決定に既判力はないという見解のもとで改めて審判を開き、少年に対し、非行（犯罪）事実の嫌疑なしという理由で不処分決定を告知した。この事件について、筆者は、第一次の審判における少年の一瞬の表情の変化に気づきながら、それを追究しなかった不明を恥じるとともに、改めて少年事件における事実認定の怖さ――それは、三者構成の刑事裁判でも程度の差こそあれ等しく存在するが――を実感したことであった。

七　筆者の釧路地家裁時代

判事補一〇年の任期が終わることになったが、筆者が判事補任官当時考えていた法曹一元制は全く影を潜めてしまった。筆者も、情勢に流されるまま判事任官を希望した。新任地の告知の際、所長から直接電話があり、新任地は、電話ではちょっと言えぬところなので、本庁まで来てくれと言われ、所長室に出向いたところ、最高裁で指定してきた任地は釧路だが、健康（肺結核）は大丈夫かということであった。そこで、主治医の意見を聞いたところ、もう何処へ行っても大丈夫だというので、すぐに承諾の返事をした。釧路は勿論北海道も全く未知の土地であり、当時まだ数少ない道東地方に関する文献を読んでみると、釧路を取り巻く根釧原野は草木も生えぬと書いてあり、いささか不安になったが、シベリアの凍土地帯にも人は住んでいると思い、釧路に赴任した。

釧路赴任に先立ち、当時の慣例に従い、大阪高裁地裁転出全裁判官の合同の送別会が催された。その席上、以前修習生であった筆者の顔や名前など憶えていないだろうと思っていた網田さん（当時、高裁判事）から、石松君がもう一〇年になるかと感慨深げに言われた記憶があるが、二年後に大阪地裁で網田さんの部に所属することになるなどとは思いもしなかった。

釧路での二年間にはいろいろの思い出がある。それを記し尽くすことは到底できないので思い出すままに一部を記載する。

赴任して所長室に挨拶に行くと、神戸時代筆者の所属する刑事部の総括裁判官であった福島尚武所長が、筆者の民事事件経験が神戸地裁での一年間だけであることを知りながら、君には民事事件（合議事件の裁判長と単独事件の半分）と家事事件全部を担当してもらうことに決定していると言われたのには驚いた。しかも、それまで所長の他に四名の裁判官しか配置されていず、民刑各一部の構成もできない状態であったため、特に、民事事件は放置され、それまで数年間欠席判決のほかには判決の言渡しがないような状態で相当事件が溜まっているから、頑張ってやってもらいたいというのである。筆者の赴任と同時に二名の裁判官が増員され、所長の他に六名の裁判官が揃い、ようやく民刑各一部の構成ができるようにはなったが、六名の裁判官は、それぞれ本庁の地裁事件のほか、家庭裁判所事件や網走・根室支部等の事件を担当しなければならなかった。しかし、ともかくも民刑二か部の体制が整い、民刑それぞれの審理がようやく軌道にのることになったのであった。果たして長年溜まった事件を処理できるか危惧されたが、優秀な陪席裁判官に恵まれ、二年後には民事事件の処理状況もほぼ正常な状態となっていた。

釧路転勤まで妻の少女時代から親しんでいたピアノを妻の実家に預けたままにしておいたが、もう預かりかねるから釧路に持って行けと言われ携行した。妻の父は、当時すでに亡くなっていたが、明治時代から旧制高校等でドイツ語教師をしており、数度の転勤の都度、その地で骨を埋めるぐらいの覚悟をしていたらしく、その気風は妻にも伝わっていたらしい。このときの釧路転勤に際しても、全財産を残らず携行し、一家揃って釧路に移住する気分であった。そのような状況は、釧路の裁判所職員にも感知されたらしく、職員の方が今度の裁判官は、落ち着いて仕事をしてくれるだろうという期待をもって協力して下さったことは何より有難いことであった。

釧路に向かう（大阪駅にて、1960 年）

福島所長は、昭和三六年一〇月二五日東京高裁判事（衆議院裁判官訴追委員会事務局長）に転出された。今では考えられないことであろうが、後任の所長がなかなか決まらなかった。そのため、筆者の印章を日銀釧路支店に届けることになったが、間もなく地裁事務局長が一〇万円余の職員のカラ出張などを理由とする虚偽の支出に関して所長代行者としての筆者の押印を求めにきた。聞けば、その年、奥野健一最高裁判事が小野謙次郎札幌高裁長官とともに釧路地家裁管内の視察に来られた際、かなりの期間同管内に滞在され、視察の公務の間に遊興され、一行が支払われた金銭では足りず、その尻拭いに最高裁から予算が送られてきているので、それをもって支払いを済ませるためのものであるという趣旨の説明をした。これを聞いて、時に予算の流用がやむを得ず行われるであろうことは認識していたが、これは少々ひど過ぎると思われた。それで、押印を拒否し、筆者も釧路での同裁判官らを迎えての酒席には出席し、言われるままの負担をしただけだったので、その額が不足であれば、追加支払いをしようか、とも考えた。しかし、筆者が押印を拒否しても最高裁はなんらかの方法で支払いを済ませるであろうし、釧路まで来て問題は起こしたくないという消極的な気持ちから押印してしまった。やはり、後味の良いことではなかった。

小さい裁判所でも所長の仕事は結構ある。一人前の裁判事務を行いながらのことであるので、煩に耐えず、昭和三六年一一月六、七日に最高裁で行われた行政事件担当裁判官会同に出席した際、守田直人事局長に面会して、裁判事務にも差支えるから早く所長を決めるよう要望した。局長からは、君らよく仕事をしてくれているようだね、とおだてられ、所長人事はもうしばらく待ってくれ、とはぐらかされたような形となった。

しかし、間もなく同年一一月二〇日新所長滝沢太助判事の発令があり程なく着任された。所長欠缺の期間は約一か月であったが、前記のような出来事や、筆者自身が札幌高裁管内所長会同に所長代理として出席したことなどもあったため、今回執筆に当たって調査するまで、ずっと長かったように記憶していた。ともかくも、ようやく所長が着任されて裁判事務に専念できることになったが、それは長続きしなかった。新所長は、夫人と二人だけで着任されたが、まず夫人が、次いで所長自身がノイローゼ気味となって帰京され、今度は事実上所長不在の時期がしばらく続いた。所長不在のまま、裁判官会議を開いた記憶もあるし、また、筆者が昭和三七年三月末、大阪地裁に転勤の際にも、所長は不在で、大阪への途次、東京の所長宅に伺って転勤の挨拶をし、釧路の近況を報告した。

◎闇決裁の話

安原：闇決済の話をされていますね。どういう場面だったのですか。

石松：奥野健一最高裁判事に小野謙次郎札幌高裁長官、それに釧路地裁所長がついて釧路管内をまわったわけですよ。これには一週間以上かかるわけなんです。帯広に行って釧路本庁に行って網走に行って北見に行って旭川に抜けて帰るわけでしょう。そのあいだに、釧路では芸者をあげて宴会をし、そのあとキャバレーに行ってという感じですわ。

安原：遊びに行ったんじゃないですか。

石松：なかば遊びに近いんですよ。旅費から支払っても釧路管内で合計一〇万円あまり足らなかったらしいのです。それで最高裁から小切手を送ってきて現地で金を払わさせるわけですが、それを僕が決済しなければ日本銀行は金を出してくれないことになるわけです。

安原：釧路管内で飲み食いした分のツケをその都度払ったわけですか。
石松：うん、払うのはしょうがないですからね、釧路の裁判所にツケが回ってくるから。
安原：そのころの最高裁の視察ってみんなそんなことだったんですか。
石松：みんなそうだったかどうかは知らんけど、釧路だからそういうことができたのかもしれないです。
安原：最高裁判事にすれば、慰労出張みたいなもんだったんですわ。特に北海道は遊びで、しかも仲の良い長官がおるということになると遊びになってしまっていたんですね。
石松：一時期から変わった気がしますね。
安原：一時期からそういうことはなくなってくるのでしょうね。
安原：現地の裁判官と懇談会を行うなどちゃんとやれといった話になったらしい。以前は「ここ行きたい」とかね、観光で行きたいところを最高裁判事がみんなで選んでいたとかいう話を聞いたことがあるけれど、今は結構大変ですよ。
安原：仕事をやらなきゃいけなくなった。
安原：カラ出張の批判が随分強くなって、裁判所の中でもだいぶあったわけで、やめたんですね。
石松：釧路ではそういう裁判所の汚い面を見てきてますわ。

◎裁判官の転勤

安原：希望する土地にできるだけ長くいたほうが落ち着いて仕事ができるという考えと、平等という観点ですかね、大中小の裁判所を適宜回したほうが良いという考えがあるますが、この点についてはどんなふうにお考えですか。

石松：私の考えは、ある程度同じ裁判所に落ち着いて仕事をするということが必要であると同時にあまり長くなると弊害も生じると思うので、今の制度の任期一〇年というのはやっぱり残すべきではないかという気がしますね。これはしかし、主として判事になってからのことかもしれませんけど。判事補の場合はある程度、三年がいいか五年がいいかは別として、小さい裁判所での勤務と大きい裁判所での勤務の交替というのは日本の場合は仕方がないかなという気はしています。だけどもう判事になったら、任期は一〇年ですからね、動かさないというほうが良いんじゃないかなと思います。

安原：意に反した転勤があったりするとやっぱり、裁判に影響が出ないことはないですからね。

石松：それで、今でも判事補や判事の若い世代の場合、転勤に際して、「三年後には最高裁の指定する裁判所に転勤することを承諾する」、とかなんか書いてますよね。あれは法的な拘束力はないと言っているけどね、こんなの書くのはおかしいと思うんですよ。実は、僕も釧路から大阪に戻るときに、「三年後には最高裁の指定する裁判所に転勤することに承諾します」とかなんかそういうの、書けと言われたんですよ。それで拒否したんですよ。

そのときに長官が来て、なんか書いてくれと言われたんですよね。それで「三年後に転勤交渉があることを承知します」と書いたら、それで通用しました。

第六章　釧路地裁から大阪地裁へ――網田裁判長の部の陪席へ

一　大阪地裁へ

昭和三七年三月末、筆者は、釧路地裁から大阪地裁に転勤した。現在はどうなっているかわからないが、当時、大阪地裁では、転入裁判官に対し、あらかじめ希望の担当事務を照会してくれていた。そこで、筆者は転勤前、第一希望民事公判、第二希望民事保全処分と書いて提出したと思う。筆者は、釧路で二年間民事裁判を担当したが、それまで民事事件を担当したのは、前述したように一年だけである。にもかかわらず、民事を希望したのは、刑事裁判が人の生命、自由に直接関わるため、法廷の雰囲気が終始ピリピリしているのに対し、民事裁判は主として財産上の争いに関するものであり、財産の得喪によって解決されるために、法廷の雰囲気が刑事法廷より、ずっと和やかで自由で、気楽に発言できることが何よりの救いに感じられた（それには、筆者が神戸地裁で一年民事公判を担当した際、所属した部の河野裁判長の訴訟指揮が影響していたかもしれない）。一度民事裁判を経験するともう刑事には戻りたくないというのが自然かもしれない。しかし、大阪地裁のある裁判官からの情報によれば、筆者の希望は、大阪地裁の常任委員会では、あんな奴に民事裁判ができるかと一蹴されたらしい。

そういう次第で、大阪地裁に着任してみると、第三刑事部に配置されることになっていた。裁判長は網田さんである。着任して挨拶に行くと、網田さんは、「君、前に何時僕の部にいたかな」と怪訝な顔をして言われた。筆者は、「網田さんの部の構成員になったことはありません。同じ部屋にいたのは、修習生のときだけです」と答えると、網田さんは、そうだったのかと納得された。筆者も上述のような経緯があったからであろうか、あたかも前にいた部に帰ったような気持ちであった。

二　網田裁判長のもとで陪席裁判官となる

そのときこの部は、陪席裁判官が全員交替し、いわゆる右陪席の筆者のほか、左陪席として楠本安雄（一二期）と小田健司（一四期）の両氏が着任した。左陪席の二人とも大変優秀な方たちで、非常に楽しい気分で仕事をすることができた。この部での事務の分配と処理のしかたは通常と変わっていて、配付を受けた事件は、二分してその一ずつを両左陪席の主任事件とし、右陪席の筆者が全事件に立ち会い、判決書は、主任裁判官が起案し、筆者は全事件の記録を読んで主任裁判官の起案した判決書に手を入れる、裁判長は、記録は読まずに、問題のある事件に関する文献を集めて読み、全体的見地から合議に参加する、というようなものであった。ただ、一件だけこの部に残っていた大事件である大教祖勤評反対闘争事件だけは、筆者が主任裁判官となった。

この部で、五、六年ぶりに刑事の合議事件を専門的に取り扱うようになった筆者は、僅かの期間であったが、網田さんから多くのことを学んだ。若い可塑性に富んだ二人の左陪席裁判官は、より多くのことを学んだであろうと思う。それはともかくとして、この部で一年足らずの間、席を同じくした網田さんについて思い出すことを少し記しておこう。

無罪事件は多かった。あるとき、立会検事のNさんが判事室で雑談をしていると、網田さんが、同検事に対し、「N君、〇〇事件では、控訴趣意書を書く準備をしておけよ」と言った。勿論、言渡し期日が迫っていて、無罪の結論が決まっていた事件のことである。温厚なN検事は、「またですか」と言って主任裁判官の側に行き、検事控訴せずに済むように、うまく理由を書いてくださいよ」と、苦笑しながら頼むことがあった。無罪判決が続くと立会検事は、控訴趣意書書きに忙殺されるのである。

この時代には、まだ、検察官、弁護人、新聞記者などが判事室に自由に出入りしていたように思う。その後、庁舎が整備された関係もあって、事件関係者の出入りは、書記官室を通じて裁判官の許可を得なければならないようになった。しかし、最も問題のあるのは、検察官の出入りをどうするかということである。筆者は、昭和三九年に単独事件を専門に取り扱うようになってから、網田さんのような器量（検察官を自由に出入りさせても影響を受けない）はないので、立会検察官が面談を希望する場合は、書記官を通じて許可を求めさせた。同室にいた裁判官（当時、単独事件専門の裁判官が数名同室内で執務していた）の中には、自由に検察官に出入りさせ担当事件に関する話

大阪地裁時代（安芸の宮島にて、1963 年）

をも自由にさせていた裁判官もいたが、筆者はそのような取扱いをした経験は全くない。というより、事件に関する打ち合わせは、原則的に公判廷で行うことにし、やむを得ず公判廷外で行う場合にも必ず当事者双方立会のもとに行うように心がけていたつもりである。検察官は、特定の部（裁判体）の専属であるのが原則であり、これに裁判官・検察官の同類意識（筆者は、裁判官・検察官同一体の原則といって揶揄していた）が加わり、判事室に入ると、とかく法廷外弁論や、そうとまでは言えなくとも、それとなく弁論的効果を持つ当該事件に関する話をしがちである。網田さんほどの器量があれば、検察官を適当にあしらうことができたが、それほどの力量のない筆者は、網田さんの真似はせず、単独体のときも裁判長になってからも、特定の用件のない検察官は判事室に入れなかった。

網田さんの話しっぷりは、どちらかと言えば、豪放磊落であるが、こういうタイプの人には、得てして神経質の人が多いように思われる。網田さんもその例に洩れなかったようである。ちょっと問題ある事件の審理の前夜はよく眠れなかったようであった。筆者はよく事件の前夜は眠れるかと聞かれた。「よく眠れます」と答えると、気楽な男だと思って、やや軽蔑的な眼差しをもって見られていたように思う。時代の影響もあって少年期から文武両道をモットーとして育った筆者にしてみれば、肉体の鍛錬を継続することによって、熟睡の確保に努力していたのであるが、そのことで網田さんと論争したことはなかった。

三　思い出の事件若干

網田さんと同一裁判体で執務したのは、僅かの期間であったが、思い出に残る事件は多い。挙げれば限りないが、二つだけ記しておこう。

1　その一つは傷害事件である。

被告人Yは、傷害、凶器準備集合、監禁罪により起訴されたが、裁判所は、凶器準備集合、監禁罪について、懲役一年に処したが、傷害については、夫婦喧嘩に基づく軽微な傷害事件で可罰的違法性がないとして無罪判決をした。

この傷害の訴因の要点は、同棲中の内縁の妻が反抗的態度を示したのに憤激した被告人が、同女に対し、腰掛けや竹箒で殴打し剃刀で頭髪を切り取る等の暴行を加え、その結果、同女に加療約三日間を要する左頭頂部挫傷、左頬部打撲傷等の傷害を負わせた、というものであった。

合議に際しほとんど積極的に意見を述べない網田さんが、珍しく、「こんなことで有罪になるのであれば、俺は何度刑務所に入ったかわからん」と発言した。そういえば私の育った家庭でも、父が母を殴るのは日常茶飯事であった。筆者は、まだ中学生であったころ、都会のインテリ家庭で育った新婚間もない嫂が、父が母を殴るのを垣間見て、あの優しいお父さんがどうしてお母さんを殴ったりするのでしょう、と洩らしていたのを記憶している。この判決をした当時は、現行憲法の施行後であるとはいえ、まだこのような古い風習と、新しい理念に基づく結婚生活とが混在していた時代であった。そして、刑事裁判は政治のお先棒を担ぐべきではないと考えている筆者は、被告人の行為は少し乱暴過ぎるとは思ったが、刑事罰を加えるべきものでもないと考えて賛成し、左陪席の楠本君も賛成した。ところが、楠本君はその真面目な性格に基づき、随分苦労して筋の通った判決を起案しようと努力されたようだが、判決言渡日が近づいてから、結論はいいと思うが、自分で納得できる判決が書けないと申し出た。それなら、筆者が判決を書いてみようと言って引き受け、宮本英脩元教授の可罰的違法性論を頼りに、一晩で無罪判決を書いてみた。

その要点を述べると、「本夫婦喧嘩に基づく傷害行為の可罰性には一定の限界があり、それが特に強暴な暴行に基づくものでなく、正常な夫婦関係が維持されている限り国家の刑罰権より放任された行為として可罰的違法性を欠くものといわなければならない。けだし、権利自由の平等的保護に重点をおく現行刑法は、生命身体財産自由等数多の個人的法益に対する侵害を犯罪として規定しているけれども、それはあくまで公共の立場から制裁を科さずに放置し得ない法益の侵害、即ち公共の立場から処罰の必要と価値のある法益の侵害のみを犯罪として処罰するに止まるものとすべきところ、他人のみだりに窺うことを許さない純粋に私的な生活関係である夫婦間に往々見られる夫婦喧嘩に基づく軽微な傷害には、それが特に強暴な暴力に基づくものでなく、夫婦関係の破壊を伴わない限り、明らかに刑法によってこれを処罰するだけの必要も価値も認められず、かえってその処罰により他の弊害をもたらす恐れがあるからである。」とし、昭和二二年における姦通罪の廃止や親族相盗例等を挙げてその実定法的根拠として、可罰性を否定した。

翌朝この原稿を網田さんに差し出すと、網田さんは、一読してこれで行こう、と言って、そのまま机の引き出しに入れ、鍵を掛け、判決宣告日にこれを出してそのまま朗読した（この判決の全文は、判例時報三二六号一四頁（一九六三年）に掲載されている）。

この一夜漬けの判決は、やはり論証不足を免れず、検察官控訴の結果、大阪高裁で取り消されたが、ただ、本判決は、その後相次いだ可罰的違法性の欠如を理由とする無罪判決の嚆矢となったようである。もっとも、一時盛行した可罰的違法性論も最高裁判決の採用するところにはならなかったことは周知の通りである。

2　その二は、大教組勤評反対闘争事件無罪判決である。

筆者が大阪地裁第三刑事部に着任したとき、まだ同部に係属していた著名事件は大教祖勤評反対闘争事件だけであった。

この事件は、後に述べる昭和三八年四月一日の網田さんの退官までに、事実に関する証拠調はほぼ終了し、採用決定を了した検察官及び弁護人から請求の学者・研究者の鑑定人的証人数名の尋問を残すのみであった。そして、当時すでに昭和三七年四月一八日に東京都教組の勤評反対闘争に関する東京地裁の無罪判決が言い渡されており、理由の構成は別として、結論的に同判決と同様に無罪判決をすることに事実上合議はまとまっていた。網田さんの退官後、後任の総括裁判官がかなりの期間決まらなかった。そのため、筆者が代理裁判長となって合議体を構成し、多分昭和三八年五月ころ、東京地裁に出張して学者・研究者の証人尋問を行った。

その後、後任総括裁判官として吉益清判事が着任され、同裁判長と筆者と喜多村治雄判事補の新構成で判決することとなった。網田裁判長が関与されていたときから、無罪判決をすることに合議は一致していたが、具体的な理由づけまではできていなかった。上記新構成になってから、結論を含めて改めて合議をしたが、無罪の結論は動かぬとして、その理由づけには多少の議論があった。その結果、無罪の理由づけとして、第一次的には、前記東京都教組判決のように、地方公務員法六一条四号の「あおり」行為について複雑な限定解釈をすることによって無罪判決をするのではなく、「あおり」行為にそのような複雑なしぼりをかけなければ合憲として維持できないような同号の規定は、憲法一八条、二八条及び三一条に違反し無効であると解するほかないことを第一次的理由として、昭和三九年三月三〇日無罪判決を宣告した。長年刑事裁判に携わりながら、諸事情によって、大きな事件の判決原稿を自ら執筆したことのほとんどない筆者にとって、この事件の判決は、自分で全文を起案した数少ない事例であった。

勿論検察官は控訴したが、その後、周知のように最高裁大法廷昭和四四年四月二日判決が、「公立学校教職員に対する勤務評定の実施に反対するため、一日の一斉休暇闘争を行うにあたり、被告人らが組合の幹部としてした闘争指令の配布、趣旨伝達等、争議行為に通常随伴する行為に対しては、地方公務員法六一条四号所定の刑事罰をもってのぞむことは許されない」という判断をした。この最高裁判決を受けて、検察官は、勝訴の見込みなしとして筆者らのした上記判決に対する控訴を取り下げた。そのため、この地公法六一条四号が違憲であるとしたこの判決は確定した。勿論、その後上記大法廷判決自体が変更された現在、先例的価値はないといわざるを得ないが、筆者としては思い出の多い判決である。

四　網田さんの退官事情

1　網田部の陪席裁判官をするようになってから間もなく、筆者は、網田さんがリュウマチのため、長い時間法廷にいることが苦痛であり、そのため在廷時間が比較的短い高裁勤務を希望されているが、判決宣告期日指定問題や日本公法学会での「日本の裁判」と題する講演問題などで高裁の総括裁判官への転出に困難が伴うことを知った。

この判決宣告期日指定問題や公法学会での講演問題は、網田さんご自身の書かれた「裁判の独立と裁判官」（前掲・真野毅編著『裁判と現代』所収）にかなり詳しく書かれているが、現在では、上記論文の入手も困難であるので、その概略を記しておこう。

2　判決宣告期日指定問題というのは、こういう事件である。

被告人HY、HS及びMの三名は、昭和三四年一月二七日から同年七月三日までの間に三回にわたり、数件の約束手形騙取の詐欺事件で大阪地裁に起訴され、網田さんが裁判長をされる第三刑事部に係属した。網田さんの上記論文によれば、この事件は関係被告人数総計七〇名に達する詐欺事件として起訴された事件の一部であるということである。この三名の被告人は、共同審理を受け、昭和三四年五月一四日から昭和三五年一二月七日まで、一八回にわたる公判期日で審理を受け、弁論終結後、判決宣告期日を同年一二月一六日と指定された。同期日に被告人HS及びMに対し全部無罪の判決を言い渡したが、被告人HYに対してのみは、職権により、判決宣告期日を昭和三六年一〇月三一日に変更した。この変更決定について、新聞は執行猶予の判決をするための期日延期であると報道し、「法か涙か」というような評論を加えた。

この判決宣告期日変更決定に対して検察官のした異議の申立てに対し、同第三刑事部は、大要以下の理由を示してこれを棄却した。すなわち、「当裁判所としては、適正、公正だと信ずる裁判をするために期日の変更をしたものである。何故に期日の変更が適正、公正な裁判のために必要であるかを現段階で具体的に述べることは、いきおい判決内容を予測させる結果となるばかりでなく、評議の秘密を漏らすことになるので差し控えざるを得ない。したがって、抽象的に論じざるを得ないが、迅速に事件を処理することが、ある種の事情により、法の精神にかなわず、被告人に過酷な結果を招来するおそれがあると考えられる場合には、公判期日を指定するに当たり、通常の事件以上の期間をおくことも許される。そして、その期間が、今日の訴訟の実情のもとで、わずか数回の公判期日を重ねることにより容易に達するであろう一〇か月余であれば、適正、公正と信ずる結果を招来するため、そのときを待つべきであるとも考えられる。それは、刑事訴訟規則一八二条一項にいうやむを得ない事情に当たるものと解せられ、また、刑事訴訟法及び同規則の各一条に反するものとも思われない」というのであった。

これに対し、検察官から特別抗告がなされた。この特別抗告について、最高裁第三小法廷は、要旨「裁判所が判決宣告期日を変更した場合に、被告事件についての審理が判決に熟しているものと認められ、右公判期日変更が証拠調その他犯罪事実及び情状についての審理を更に続行しあるいは再開する必要上為されたものと認むべき事情は全くなく、もっぱら約一〇月半の時の経過を計る目的をもって為されたとみとめられる等の事情があるときは、右期日変更決定を支持した原決定は刑訴規則第一八二条第一項の解釈を誤った理由がある」という理由によって、上記期日変更決定を取り消した。

これに対し、網田さんの言うところは次の通りである。すなわち、「この事件は総計七〇名に達する集団詐欺被告事件として大阪地裁に起訴され、同地裁第三刑事部に配分せられた事件で、本件被告人（上記HY）はその最後の一人であった。山積する事件のラッシュ時における私の訴訟指揮は被告人を執行猶予にするという安易な目的のためではなく、もっぱら事件の混雑を防止するためであった。私にしてみれば、最高裁判所の決定は思いもよらぬ誤判であり、大阪地裁合議部の事件ラッシュ時に無知なこの最高裁判所の決定に従うことは物理的に不可能であり、裁判官としての良心が許さなかった。私は良心に従って本件を処理し、昭和三六年一二月五日に同被告人に対し、懲役一年執行猶予五年を宣告した。この判決に対して、検察官が控訴したが、昭和三七年一二月三日大阪高裁において、執行猶予の判決が確定した。結果として私の訴訟指揮は執行猶予の目的と化したが、それはあくまで結果にすぎない。(若干字句を修正している)」というのである(前掲・綱田覺一「裁判の独立と裁判官」七六頁、七七頁)。

被告人HYに対して、実刑判決が相当であれば、大阪高裁で実刑判決を言い渡すことは当然できたのである。にもかかわらず、大阪高裁も執行猶予の判決を維持したのである。結局一審の執行猶予の判決は正しかったと認められているのである。私は、綱田コートのした一〇か月半後への期日変更が事件の混雑を防止するために必要であったかどうかを判断する資格はないが、そのような必要性が認められなかったとしても、執行猶予が相当と認められる事件について綱田コートが採った措置が「著しく正義に反する(刑事訴訟法四一一条)」とは考えられない。上記最高裁決定は、綱田コートに対する偏見に基づく勇み足としか考えられない。

ところが、この事件は後に尾を引いた。すなわち、綱田さんの言うところによると、上記最高裁判決から、大阪地裁第三刑事部が上記判決言渡しをするまでの間に、四回にわたって、綱田裁判長は、最高裁の石坂裁判長の伝言と称する言葉、すなわち、最高裁の石坂決定を即時実行すべし、ということを先輩同僚から伝えられた。綱田さんは、わが国の刑事訴訟法には最高裁判所判事が事件に無関係の人を介して刑事事件について訴訟指揮をする権限はないので、これを黙殺した。

3 ところが、超えて昭和三七年一月五日の官報に、各下級裁判所について総括裁判官の指名を受けた者の氏名が発表されたがその中に網田さんの氏名がなかった。この事実をいち早く知った大阪地裁所長や一部の網田さんに近い裁判官は、もしこの事実が一般裁判官に知れ渡ると大阪地裁では大騒動が起こることを憂慮し、網田さんにしかるべき弁明書を書いて最高裁に提出するよう説得した。網田さんは、なかなか応じなかったようであるが、結局正確な事実経過を書いた弁明書を最高裁に提出した。その弁明書の内容は、前掲「裁判の独立と裁判官」に全文収録されている。その結果、網田さんに対する総括裁判官の指名は迅速になされ、一般に大きな問題となることは回避された。

五 「日本の裁判」と題する講演問題

この事件も上記総括裁判官指名問題の直前に起こったものであり、総括裁判官指名に影響があったものと思われる。

網田さんは、昭和三六年秋の公法学会で、請われるまま、「日本の裁判」という講演を行った。その内容は、網田さんの表現を借りれば、「ラッシュ時の地下鉄の混雑の中で懸命に働く駅員にもたとえられる一審裁判官の苦悩を明らかにすることによって、日本の裁判が一日も早く民主的健康を回復し、その機能を十分に果たしてもらいたいと念じ」、例えば、夏、冷房施設もなく、窓を開ければ騒音で審理も十分に行われず、窓を締めれば熱さに耐えられない法廷の現状など、裁判が如何に劣悪な環境のもとで行われているかを正確に明らかにしたものであった。また、刑事裁判は、裁判官が国民のために、検察官の不当不法な検察権の行使に対して抵抗する権利を保障する制度である、という年来の主張を展開した。すなわち、「刑事裁判官は、具体的な刑事事件の審理判決をするに当たって、必要ある場合には、常に合理的見地に立って被告人のために抵抗しなければならない。しかし、抵抗には勇気がいる。裁判官は良心に従うのであるから、坦々とした心境で裁判すべきで、勇気はいらないと考えられやすい。それは、犯人の処罰に過度に熱心になることが苦にならない裁判官の悲しむべき心境であるか、あるいは平常心是道という悟道の域に達した裁判官の理想的心境である。現実には抵抗は摩擦を生むし、勇気を必要とするのである。過去における誤判事件を調べてみると、採証法則の違背すなわち裁判官の参学眼力の貧困による場合もあるけれども、決定的瞬間に勇気を要する難件に遭遇した裁判官が、たやすく検察側に廻ったことに起因する事件も多いのである。裁判官が検察権に抵抗する勇気に欠けていたためである。私はこれを検察意見尊重と名づけている。かような思想傾向は、いまなおわが国の一部の裁判官の頭の中に命脈を保っていると思われる」という趣旨を語ったうえ、歴史の教訓として、いわゆる大審院判事弄花事件を挙げたのであった。

この公法学会の講演には二人の最高裁判事が出席していたが、網田さんの講演の途中から、いたたまれなくなって退席したということである。

この二つの事件は、私が釧路地家裁から大阪地裁へ転勤した数か月前の事件であるが、遠隔の地にあった私の知るところではなかった。ただ、網田さんの部に配属されてから数か月後には、おおよそ察知することができていたように思う。そして、網田さんの高裁の総括裁判官への転出が実現すれば、それに越したことはないが、その実現が困難であるとしても、地裁の裁判官の星として定年まで頑張っていただきたいというのが、私どもの切なる願いであった。

筆者が網田部に所属してから最初の正月、すなわち昭和三八年一月四日に登庁し新年の挨拶をした後、どういう経緯であったか忘れているが、網田さんを誘い、吉村正道所長のほか、坂速雄、西尾貢一、児島武雄らの裁判官とともに新地のバーで飲んだ。平素酒をほとんど飲まれない網田さんも大変お元気で若干召されたようで、一同大いに盛り上がった。そのようなことがあって、網田さんの元気さからみて、当分お辞めになるようなことはあるまいと児島君と話し合ったことであった。

それから間もなくの同年二月、第三刑事部は、証人尋問で東京に出張した。多分金曜日に尋問を終わり一泊、翌土曜日朝に解散したと思う。網田さんはちょっと東京に所用があると言い、小田健司裁判官と筆者とは翌日が日曜日なので遊んで帰ろうかということになり、中央線で蓼科湖に行き、その日と翌日たっぷりスケートを楽しんだ。そして、明くる月曜日に登庁すると、先に登庁されていた網田さんから今朝退職願を出したと聞かされた。筆者は、仕舞ったと思ったが、他人に言われて辞表を撤回するような網田さんではないし、後の祭りであった。網田さんの話では、健康上高裁判事なら勤まるが、地裁判事は到底無理なので（これは、日頃から言われていた）、高裁判事に転出する見込みがあるかどうか、今回の上京に際し、二人の最高裁判事斉藤悠輔（前年退官されていた）及び斉藤朔郎（当時現職）の両氏の意見を求めた結果、高裁の総括裁判官は勿論高裁の平判事にも転出することはできないというので、退官を決意したということであった。最終の決断はそうかもしれないが、その前から退官の決意されていたようで、その年の正月、前記のように酒席で常になく快活に振る舞われていたのは、おそらくその表れであり、これを簡単に元気さの表れと受け止めていた不明を恥じたことであった。

筆者は、網田さんからお聞きしたところによって判断したことは以上の通りであった。ただ、網田さんが後に前掲「裁判の独立と裁判官」に退官事情として書かれているところは若干異なっている。それによると、昭和三七年一〇月に、大阪高裁の裁判長への転出を希望して当局にその旨申し出ていたところ、翌昭和三八年二月に高裁への転出は絶対に不可能であると所長から告げられた。その理由は、最高裁判所の意見として絶対高裁の裁判長に転出させるわけにはいかない、ということであった。その直後、上京する機会があったので、各方面について調査してみたところ、所長から伝えられた上記理由は、最高裁判所の意見ではなく、大阪高裁長官松田二郎氏と人事局長某氏の合作に過ぎないのであって、名を最高裁判所の意見にかりて恥じるところがなく、わが国の司法行政が裁判の独立を尊重することを忘れていることが発覚した。網田さんとしては、一審裁判長として健康に自信がない以上、これを機会に静かに消えて行くのが賢明な態度だと決心し、昭和三八年二月二〇日に退官願を提出した、というのである。

網田さんは一旦決意して退職願いを提出した以上、それを撤回するような方ではないので、私は、不明を恥じて黙っているほかなかった。

◎再び大阪地裁に

安原：その後、大阪地裁の網田さんのところに右陪席として戻ってこられました。修習生のときにいろいろ影響を受けたのと違う印象があったと思いますが、陪席裁判官として付き合ってみてどんな印象でしたか。

石松：基本的な考え方とか人柄とか、そういうのは変わってないと思いましたけどね。やっぱり地裁でかなり自由な判決をしてこられて、一段と戦闘的になったという感じはしましたよね。それが表れているのが、和歌山で開かれた公法学会の講演の内容です。いかに裁判所は裁判官を、裁判を大事にしないかという話をしてるわけなんですよ（一三二頁参照）。

安原：抵抗権の話とはまた別ですか。

石松：そのときに抵抗権の話もしています。入江俊郎最高裁裁判官他一名の最高裁裁判官が来ていましたが、あまり痛烈に司法行政の問題点を抉り出すので聞くに堪えずに逃げて帰ったというか、退席して帰ったという話がありましたね。網田さんの場合は、それほど、前よりは一段とはっきりものを言うようになったたっていうことは感じましたね。

安原：事件の合議とかを通じての網田さんの特色はどうだったのですか。

石松：僕が行っている間は、「俺は死刑にするときだけは起こしてくれよ、あとは寝てるから」って言って、あとは任せるからということだったんですよ。それで、まあ、ほとんど自分で意見を言ったことはないんです。ただ一つだけ意見を言ったのは、「こんなの有罪にしたら、俺、何回刑務所行っとるかわからん」って言った傷害事件ですわね。亭主が女房を殴って、女房がけがしたという事件です。

安原：ちょっと今の感覚からすると違和感があるところではあるんですが。

石松：当然、自分ができないことはしないっていうこと。あの時代の人はみんな亭主関白ですから、女房殴ったんですよ。僕の親父なんかもそうですし。そういうのをやっているのに、女房を殴ったような事件で、多少けがさせたぐらいでは有罪にできないという。ただ、現代からみれば、全体的な思想の傾向としては逆行ですよね。男女平等とは逆の思考ですよ。今から考えれば逆行なんですけど、ただ家庭の中に法律はいらないっていうのは、一つは重要な問題ですよね。その調和をどこでとるかっていうことなんで。まあ、後から考えれば僕も少々ひどい事件かなと思ったけど。

安原：闇米の話と共通するようなところがあるんですけど、言行一致というか、自分の生活そのものと裁判を理屈で分けるということではなくて、自分のできないことはできないという考えだったのでしょうか。

石松：自分のできないことを裁判で被告人に要求してはいけないっていうのは基本的な考え方でしょうね。

安原：網田さんのところには何年おられたんですかね。

石松：それは正式には一年ですかね。四月に釧路から帰ってきて、網田さんの部に入って、網田さんが辞表を出したのが次の年の二月ぐらいですから、一年足らずなんですがね。

安原：その後、研修所の教官になられるわけですが、書かれているように総括選挙制で当選していたにもかかわらず、邪魔だということで上から教官の辞令が出たという説があるということですが。

石松：そういう説があるんですよ。

安原：あれ、本当じゃないですか。

石松：本当かもしれんけどね、誰かの作り話かもしれません。

安原：人気もあって、実力もあって、だけど、最高裁にあんまり従わないという理由で。

石松：いや、僕もびっくりしたんですよ。当時は合議部と単独部と完全に分かれていたんですよね。単独の裁判官が七～八人ぐらいおるわけですよ。それで、当時単独事件の掛には二つ部があったんです。投票の結果一人は単独の裁判官で上席の瓦谷末雄さんが当選されたのですが、あともう一人の総括裁判官に、先輩裁判官が二、三人おられるのに、僕が当選しちゃったんです。地裁所長はそのまま最高裁へ上申し、最高裁もその通り発令したんです。だけどもそれが都合悪いということになって僕を司法研修所教官に追い出したんじゃないかという説は人から聞いたことはありますね。

安原：総括選挙制の象徴みたいな話ですからね。最高裁にとっては邪魔な面もあったかもしれませんね。

第七章　単独事件部裁判官から司法研修所教官へ

一　単独事件担当

前記のように、昭和三九年三月三〇日に大教組勤評反対闘争事件の判決を宣告した後、筆者は、大阪高裁へ転出の交渉を受けた。しかし、それまで単独で刑事裁判をした経験がほとんどなかったので、それを断り地裁で単独事件（一人の裁判官で審判する事件）を担当することを希望した。その希望は直ちに容れられた。

現在では、大阪地裁の各部では、いずれも合議事件も単独事件も担当しているようであるが、当時は、合議部と単独部とがあり、合議部では合議事件だけを担当し、単独事件は、単独事件専門の裁判官がこれを担当していた。合議部ではそれぞれ部の事務を総括する裁判官がおかれ、その総括裁判官が裁判長となるのが原則であった。単独事件を専門に取り扱う裁判官も、数名（通常三、四名）で部を構成し、その中の一名が総括裁判官となったが、ほとんど形式的なものであった。

単独体で処理する単独事件は、簡単な自白事件も多いが、それだけではなく、難しい否認事件もあれば、かなり複雑な事件もある。結局筆者は、このとき一年間だけ単独事件を取り扱っただけであったが、決して単純な事件だけではなかった。

筆者は、もっと長く単独事件を担当したいと思っていたが、一年で司法研修所教官に転勤の交渉を受けた。どうして、筆者が司法研修所教官の交渉を受けることになったのか、心当たりはない。ただ、次のような噂、すなわち、昭和三九年末の大阪地裁における次年度の総括裁判官の選挙（前述したように、大阪地裁では、まだ総括裁判官の選挙が行われ、所長はその結果通り意見上申をしていた）において、筆者が数名の先輩裁判官を差し置いて総括裁判官に当選し、その通り発令された。単独体の総括裁判官は、ほとんど形式だけではあったが、このような事態は、職場の秩序を乱すということで、筆者を司法研修所教官に追い出した、というような噂を耳にした。しかし、筆者は、そのような噂は格別気にかけず、素直に転勤を承諾した。

二　司法研修所

昭和四〇年四月司法研修所に赴任した。最初に担当したのは、一九期で担当教科は、勿論刑事裁判である。

ところで、筆者が大学入学以後、まともに講義を聴講したのは、大学入学一年目のほぼ一年間だけである。司法研修所においても、集合教育は前期の約二か月だけである。あとはすべて独学であるといっても大きな誤りはない。だから、大学一年間の受講は、筆者にとって貴重なものであったと思う。殊に末弘嚴太郎先生の講義によって、法解釈の基本的な姿勢を教えられたことは、決定的な意味を持った。末弘先生は、兵役適齢期に達せず、一八や一九の世間知らずが、社会生活を規律する法学を学ぶなどおこがましいことだ、というような意味のことも言われた。しかし、筆者は、後から考えて、法的思考を養うには、一八や一九の柔らかい年齢がむしろ適齢のような気がしてならず、筆者が一八から一九歳にかけて法的思考の基礎に触れたことは幸せであったと思っている。この法解釈に関する考え方は、そのまま戦後に引き継がれているように思われる。

もっとも、一方で、細かい動きは省略するが、筆者も戦争中軍国主義思想の強い影響を受けていたことは覆うべくもない。しかし、敗戦により状況の一変する中で、もろもろの思想的洗礼を受けたが、新憲法施行時には、その基本的思想をほぼ完全に受け入れるに至っていた。新憲法に関する唯一の不満は、天皇の地位に関する規定の意味があいまいである点で、むしろ天皇制を廃止するか、完全な儀礼的存在にすべきであると考えた。筆者は、前述したように、網田さんや佐々木裁判官から強い影響を受けたが、基本的な思想、考え方は、敗戦後司法修習生になるまでの二年半ばかりの間に出来上がっていたのであろう。それ故に、これらの先輩裁判官の言行がたやすく受け入れられたものと考えられる。

だとすると、司法修習生のほとんどは、法的思考という面ではすでに一定の固定的な思想を持っており、それを矯正することなど無謀な企てであり、そもそも実現不可能のことである。そう考えて赴任した筆者は、自分の仕事として刑事裁判に関する基本的な実務を教示することを第一に考えた。講義の合間には、自分の刑事裁判や法の解釈に関する見解を披露することはあったが、そのような見解については、賛成する者も反対する者も、その考えを変えてもらおうという期待は持っていなかった。

もともと筆者は、旧制高校の生活に強い愛着を持っていた、今でも持っている。そこは、将来の進路にも、現在の学校の教科にもそれほど拘束されずに、自由に学び、考え、遊び、身体を鍛えることのできる場であった。そのような環境の中で、人間が一回りも二回りも大きくなったように思うのである。筆者が司法研修所教官となった当時の司法修習生は、そのような教育環境を経験したことはないのが原則である。そのような司法修習生に、旧制高校のような教育環境を経験させ、教官からかれこれ教示するのではなく、それぞれ自分の考えで教官を利用するもよし、教官を相手にせずに独自に研究をするのもよし、二回試験（司法修習終了のための試験）での好成績を狙うもよし、二回試験は合格するだけでよしとするなど、自己の判断で自由に行動することを望んだつもりである。

司法修習中は、実務修習といっても実際に修得できるのは、民事刑事の裁判、検察、民事刑事の弁護に関する実務の概略を知得することができるに止まる。本当に実務を会得するのは、裁判官、検察官、弁護士として生の人間の事件に接したときからである。裁判官として一通の逮捕状、勾留状に押印することは、何十時間の令状実務に関する講義によっても得難い緊張と成長をその裁判官に齎《もたら》す。修習中は、できるだけ自由に幅広く知識を習得し、将来の飛躍に備えることが重要である。

筆者は、そのように考え教官の仕事をしたつもりである。ただ、それが思うような成果を挙げ得たかどうか、というと極めて覚束ない。しかし、自分の方針が間違っていたという反省もない。

たしかに、修習生の数が激増した今日、こんなことを言っても何の意味もないという考え方もあるだろう。しかし、対策はある。数の問題は、司法研修所を全国に数か所に設ければ良い。各研修所によって若干異なった特色をもつ実務家が育つことはむしろ歓迎すべきことであろう。従来司法研修所（実務修習をも含めて）で行っていた教育を法科大学院と司法研修所とに分けたこと、特に明確な役割の分担を確定することなく分けたことは大きな問題だと思う。筆者は、法律実務家の取り扱う業務が多様化、複雑化している今日、法曹としての一般教育と各分野での技術的教育とはこれを分け、後者は、法曹資格を取得した後、各分野ごとに一定の期間実務教育を行うべきではなかろうか、と考えている。

それはともかく筆者は、司法修習生にとって良い教官であったかどうかは別として、自分では非常に楽しく教官時代を過ごした。筆者の父は、前述したように、小学校四年を卒業しただけで、法曹を夢見たが果たせず、試験の連続で小学校の教員になった。初志に反して、小学校教員で終わったことは不満であったらしく、男の子は教員にはさせないと言っていたが、子の筆者から見れば、むしろ適職であったのではないかと思う。兄も、ある研究所を定年退職後、某女子大の教授となった途端、甚だ

司法研修所教官時代
（那須高原にて、1960 年）

明るくなって二〇年あまり勤務した。筆者も、客観的評価は別として、教官時代は、人生で最も楽しい時代の一つであった。

石松一族は教職向きかもしれない。

◎司法研修所教官時代

安原：それで司法研修所教官になられて、修習生とどういうふうに付き合おうというような、お考えでしたか。

石松：それはね非常に俗な言葉でいえば、修習生と相撲をとろうと思ってるだけですわ。

安原：何かをたたきこもうというわけでなくて、できるだけ一緒に考えていこうということですか。

石松：当時は一緒に考えていこうということだけだったですね。僕自身、研修所で何か教えてもらったっていう記憶もないしね。僕らのときは前期だけだったし、しかも前期も半分ぐらいですよね。初めは研修所の建物が間に合わずに現地に行かされていて、七月頃になって初めて研修所に行って、でもすぐ夏休みになったんですよ。それで帰ってから九月にもう一遍行ったが、間もなく現地に戻りましたから。そして後期はなかったもんですからね。

安原：修習期間は二年間でしたか。

石松：修習期間は二年。それは全く一緒です。

安原：修習生にこういう気持ちだけは伝えたいとか、いうことはありませんでしたか。

石松：僕は修習生の生活について、いつも言っているんですが、今の修習生は旧制高校っていうのは経験していないんで旧制高校的に自由にものを考えて、それほど縛られず、最小限、落第しないようにさえするつもりだったら何も難しい勉強をしなくても良いし、自分の好きなことを一生懸命打ち込んで自分のものをつかんでもらいたいという気持でしたね。自分のよりどころとなる勉強をして、そういうものをつかんでもらいたいという、そういう気持ちだったですけどね。僕はあまり修習生にそんなこと偉そうにしゃべってはないですけど。

安原：自由な中で自分の考え方をきちんと持つということですね。

石松：自分の考え方をきちんと持ってもらいたいと思っていましたね。

安原：司法の在り方とかそういうことを考えるようになったのは研修所時代、教官時代だったと書かれていますが、どういうきっかけでそのようにお考えになったのですか。

石松：それはね、やっぱり実務より研修所の教官の方が暇だったからですよ。

安原：教材を作ったり講義したり大変だったんじゃないですか。

石松：それはね、判決書を書くよりいい加減だったんです。人の生命や自由を預かっているわけやなしに、僕は勉強せんのはお前らが悪いんだっていうね、そういうことは言っていたんですよ。勉強するかどうかは自由なんで、何も得られなかったら君らが悪い、そのかわり二年間でなんかしようと思ったら相当なことができるはずだっていうようなことは言ったつもりですわ。

安原：それで研修所の教官時代、司法の問題について考えるようになったということですか。

石松：それはね、研修所にはいろんな人が講師で来るでしょ。それから当時の鈴木忠一研修所長は、僕らとは裁判官としての考え方にかなり違いのある人ですよね。あの人の素晴らしいところは、自分と考え方の違う人をそばに置いとくことをちっとも苦にされない、苦になるかもしらんけど、我慢してそばに置いておくことのできる人でしたね。そういう人は立派な人だと僕は思ったんですわ。

それから刑裁教官だけで一〇人おるわけですよね。それも当時は全員同じ部屋におるんですよ。みんな窓側の壁を向いて座っているんですよ。合議をするときはくるっと後ろ向いて顔を合わせる。そういうところでね、それぞれいろんな考え方の人が一〇人おったというのは、面白かったですよ。

安原：結構、教官室の中ではいろいろなことをしゃべっていたわけですか。

石松：有名な登山家で『青春の柩——生と死の航跡』(一九九五年、光人社)という本を書いた元海軍主計少佐の岡村治信さん。あの人なんかね、教官室ではあまり自分の意見はこうだとは言わないんですよ。教官室で決まってもね、教室では全然違うことをやっている場合があるらしいんですわ。そして話のいちばん最後に、「ただ教官室ではこういう意見でしたよ」っていうことを言うだけでね。

安原：刑裁教官ってみんな裁判官だったんですか。

石松：裁判官です。

安原：講師の方で印象に残っておられる方はいますか。

石松：一番面白いのは東大社研にいた内田力蔵さんです。イギリス法やった人です。当時、日本でイギリス法判例を一番読んでいる人なんですよ。東大の社研に長くおって、東大教授にはならずに、そのまま辞められた人です。内田さんは非常に言葉が訥々としていてね、話が下手なんですよ。同じく英米法を研究されていた元最高裁判事の伊藤正己さんとは正反対の性格なんですよ。伊藤さんは非常に話が上手で華やかでね、内田さんは話が下手で、あるテーマで話を始めたらすぐ枝葉に入っていくわけなんですよ。それで枝葉に入って行ってどんどん深入りし一時間ぐらい元には戻らない、というようなことがしばしばあるのです。しかし書いているものが素晴らしい。というのは、あの人ほどイギリスの判例をきちんと読んでいる人はいない。そういうこと僕はどうして知ったのか忘れたけど、内田さんはたしか僕が推薦して講師に来てもらうようになったように記憶しています。谷口正孝上席教官も非常に気に入りましたね。異色の講師でしたからね。それから一番よく来られていた講師はやはり平野龍一さんですよね。平野さんであれば鈴木忠一所長のところもフリーパスですし、なんといっても平野さんは一個の見解を持っている人ですからね。

安原：当時は大ブームだったんじゃないですか。

石松：そうですね。平野さんは僕の五高の先輩で三年違いです。そのあと松尾浩也さんがよく来られていた。この方も五高の卒業です。それで、僕が「もう少し広範囲に、例えば関西からも呼べ」ということを言って、井戸田侃さんや光藤景皎さんにも来ていただいたことがあると思う。

安原：教官室が推薦すればだいたいそれが通っていたのですか。

石松：だいたい通りますわ。谷口さんは広くお呼びすることには大賛成でね。何も東京の学者ばかりでなくてもという感じだから。

東京以外の学者をお呼びしたことに関連して思い出すことがあります。それは、まだ浦辺衛さんが刑事の上席教官としておられたときのことです。どうも記憶が定かでないところがありますが、多分裁判官研修に佐伯千仭さん、九大の井上正治さん、東大の藤木英雄さんのお三方をお呼びして、可罰的違法性について議論をしたことがありました。その具体的内容は覚えてないけど大変面白かった記憶があります。その夜のことですが、浦辺さんが佐伯さん、平野さんと私の三人をご自宅に呼ばれてご馳走になったんです。その席上、浦辺さんがちょっと口をすべらせて、「わしの力で鈴木司法研修所長を説得した結果、佐伯先生を呼ぶことができた」と、とれかねないような発言をしたんです。そうしたら佐伯さんが烈火のごとく怒ってね、すさまじいもんでした。佐伯さんにすれば、「権力者に頭を下げてまで講師として来る俺ではない」という趣旨で激怒されたことだと思われました。お二人は大変親しい間柄で、こんなことでお二人の間が気まずくなるということはありません。というのは、佐伯さんは、相手が親しい間柄の人であればあるほど、直情径行的に行動される方でした。その場の激しいやりとりに、平野さんと私とはしゅんとなって控えているだけでしたが、私は、佐伯さんの権力に対する確固たる姿勢を改めて認識したことでした。

安原：それはお酒とか入っていたんですか。

石松：お酒は入っています。

安原：私も先生が研修所教官をなさっていたときの修習生ですが、先生のクラスはどんな人がいましたか。

石松：僕の担当したあなたと同じ二〇期のクラスは江田五月君や、小杉丈夫君がいたクラスで、私の見たところでは非常によくできたクラスでした。裁判官任官希望者が多く、私の記憶では、後期修習の当初一七〜一八人いたように思います。結局裁判官になったのは一二、三名だったと思います。

安原：先生のクラスは今でも付き合いが続いていますね。

石松：この期の東京の新年会には私も今だに出席していますよ。

◎登山とマラソン

安原：登山とかマラソンを始められたのはこの教官時代ですか。

石松：釧路時代にスケートをやっていて骨折したんですよ。やっと肺病が治ってもうなんでもできると思ったとたんに骨折しちゃって。そのときに助けてくれたのが武智保之輔（現姓村上）さんと草場良八さんです。二人が僕を担いで岸辺にある近所の幼稚園までつれていってくれました。もう運動ができないと思って、僕は非常に嘆いていたんですよ。それで大阪に帰ったときはまだ杖をついて歩いていたんですけど、ふとね、山登りぐらいだったら行けるかと思って小学校三年生の子どもを連れて、二上山に登ったんですよ。そしたら登れたもんですからね。それから山に登ることを考えて子どもを連れて月に一回ぐらい山に登り始めた。そしてそのためには少し鍛えなきゃいかんと言ってランニングを始めたんですよ。

その当時住んでいたのが住人のなくなった女房の実家で、屋敷内にちょっと空地があったのでそこに三〇メートルぐらいのトラックをつくって、そこで走っていた。そしたらね、その裏がね、二階建てのアパートになっていてね、上から見下ろされて「あれ子どもやないで、おっさんやで」って言われましたわ。そういうことで走り始めて、それから東京行ったんですよね。松戸ではまだあんまり道路は走らなかったんですよ。あそこは近くが公園になっていたんで運動できた。一年後に池袋に移ったでしょ。池袋へ行ったら全然運動するところないもんだからね、簡易裁判所の中の敷地に官舎が建ったんですよ。その敷地で息子とキャッチボールしてたら息子が暴投しよって裁判所のガラスを割ったんですな。おそるおそる庶務課長に謝りに行ったら、「弁償は良いですけどこれから一切やめてください」って言われて。それから街頭を走り始めたんですよ。山を登るためにはどうしても足を鍛えとかなきゃいかんと思って。それが昭和四一年です。

安原：本論とは、ずれるのですが、石松さんが有名なのは、健康面もですね。九〇歳を越えても、朝五㎞ぐらい走っているんですか。

石松：うん、まだ五㎞ぐらい走っていて。今日は走ってないですよ。

安原：とんでもないですよ。

安原：ほぼ毎日走ってらっしゃるんですか。

石松：いや、今はもう月に半分ぐらい。

安原：マラソンかなんか、走られているんですか？

石松：フルマラソンは四〇回ぐらい走ってるのかな。一年に三回ぐらい。

安原：山登りでも、「立山で最高齢が来たぞ」って拍手されたりして。健康維持のためにどういうことに気をつけていらっしゃるのですか。

左に見えるのが甲斐駒ケ岳

石松：やっぱり、運動をするのと、よく寝ることをね、やる。

安原：僕なんか、単独法廷を担当したときとか事件のことが頭にワーっときて寝れないんですけど、そういうのはどうだったんですか。

石松：事件のことで寝れないときは、一杯ひっかけてから寝るっていうことをやってましたけどね。そうそう、在官中はね比較的、夜走っていたんですよ。

安原：運動しているからよく寝れるということですね。

石松：夜一〇時頃から走って帰って風呂入って、一杯のんで寝るのが一番よく寝れたんですわ。

安原：夜、適当な運動をしたほうがむしろ良いのかもね。

石松：夜のほうがね、仕事をするためには夜走った方が良いと思った。ただ爽快感がないんですよね、朝走るのと違って暗いとこ走るのではね。

瀬戸内海タートル・フルマラソンに出場
（1988 年）

池田の官舎のときにはもう学生事件を担当してましたから、「明日はどの手でやってやろうか」と思って、池田のほうから登って、ゴルフ場が二カ所あるところを走って、箕面におりてきて、そして箕面から走って帰ってきてました。

安原：走りながら考えるということですか。

石松：そのときは難しいことは考えない。そのときは「明日はもう一回しんぼうしよう」と言う程度のことを考えて走ってましたね。それで、帰ったら飯食って寝てましたけどね。僕は子どもの頃は虚弱児童だったんだけど、中学校に入ってから健康になった。とにかく、剣道を毎日やっていて、そして、一回も学校を休まずに、日曜日には畑を二〇〇坪ぐらい作ってましたからね。親類の畑が遊んでいたから仕方なしにそこを作っていたんですよ。それで、すっかり体育系の身体と頭になったんですよ。それで、ものを考えるときにね、徹底的に考え抜くという、そういう習慣がなくなって、体育系の頭に変わったですわ。高校時代も水泳やっていたでしょ。だからやっぱりそういう点では裁判官が良かったのかなと思ったりね。僕には学者なんかのようにはとことん考え抜くということはどうもできなくなったみたいな気がするんですわ。それは中学時代ぐらいからの生活がどうも影響しとるんじゃないかなと、自分では思っとるんですけどね。

第八章　三度目の大阪地裁勤務

一　令状部に短期間在籍

1　昭和四四年四月、筆者は、大阪地裁へ転勤した。赴任後一か月ばかり、令状部にいたが、間もなく新設の第七刑事部の総括裁判官に就任した。

筆者が令状部にいたころから、勾留被疑者の留置場所について令状部所属の裁判官らと協議を続けていたが、筆者が公判部に移ってから、令状部裁判官の間で協議がまとまり、申し合わせが作られ、それによった運用がなされた時期があったように記憶する。その中心は、被疑事実を否認している被疑者を勾留する場合、留置場所を拘置所とすることであった。かなりの期間、相当忠実に実行されたように記憶する。警察官側は、勿論抵抗した。いわゆる引き当たりをする必要があるというようなことを理由とする準抗告申立て、地裁の令状部を避けて簡裁の裁判官に対する令状請求、令状部に所属しない当番裁判官が取り扱う夜間での請求などあの手この手を使っての抵抗により、次第に実効がなくなり、やがて元の木阿弥に戻ったのではないかと思う。

それにしてもこの頃までは、裁判官による令状審査が有効に機能していた時代であった。勾留却下率についてみても、地裁・簡裁合算（令状事務では、地裁、簡裁で事物管轄に差はない）で、昭和四二年二・九八％、四三年四・五七％、四四年五％、四五年三・七一％、四六年三・七一％、四七年三・〇三％であった。地裁だけについてみれば、却下率はこれより遙かに高いはずである。その後、司法統計上、勾留却下率は、地裁と簡裁で別個に発表されるようになったが、ともに下がり続け、長い間、簡裁は勿論、地裁だけの却下率も一％以下であった。その後、平成一八年ころから、地裁だけの勾留率が一％を超え始め、平成二四年には三・六九％に達した。しかし、地裁より処理件数がかなり多い簡裁の勾留率は、平成二四年でも〇・五六％であるので、地裁・簡裁合算の勾留率は、半減すると考えて良い。

思えば、昭和四〇年代ころまでの裁判官には、令状審査を実質的に厳格に行おうとする気迫があった。すなわち、令状の法的性格、具体的には、逮捕状及び捜索・差押令状が命令状であるか許可状であるかという点についてどのような見解を採るかにかかわらず、現行憲法及び刑事訴訟法が、捜査官に広範な捜査権を付与した反面、裁判官の令状審査によってこれを抑制しようとした趣旨を守り通そうとして苦闘する裁判官は決して少なくなかったのである。一例を挙げれば、まだ大阪地裁に令状事務を専門的に扱う部がなく当番制で令状事務を処理していた当時、筆者の経験でも、当番の裁判官が大部な捜査官提出資料を丹念に検討し、半日かかって一通の逮捕状請求の審査しかできず、公判に立ち会ってない未特例判事補が令状処理に駆り出されていたことがしばしばであった。

しかし、そのような令状審査は、昭和四〇年代末ころから全国的に一変し、令状事件の処理に迷ったら、警察・検察側の主張通り令状を発付しておけば良い、というような風潮が全国の裁判官を覆うようになったと思われる。その原因として、研修所教育の変化など種々の事情が指摘されているが、次に述べる学生事件を契機とする裁判所の強権的訴訟指揮の確立と軌を一にしているのが興味深い。

2　学生事件の審理の問題に入る前に、少し時期は遡るが、筆者が判事任官後大阪地裁第三刑事部で吉益清裁判長の許で陪席裁判官をしていた短い期間に執筆した勾留に関する準抗告審決定の原稿が手許に残っていたので、それを掲記して、当時の大阪地裁の令状に関する裁判の状況を想起する一資料としたい。

（資料）昭和三八年秋に筆者が関与した三つの準抗告審決定

その一

被疑者　A

（前文）

右の者に対する窃盗被疑事件について、昭和三八年九月一九日大阪簡易裁判所裁判官梶田英雄がなした勾留請求却下の裁判に対し、大阪地方検察庁検察官後藤一善から準抗告の申立があったので、当裁判所は次のとおり決定する。

（主文）　本件申立はこれを却下する。

（理由）

一　検察官の準抗告申立の趣旨及び理由は別紙の通りである。

二　よって、判断するに、大阪地方検察庁検察官が被疑者に対する窃盗被疑事件について、昭和三八年九月一九日大阪簡易裁判所裁判官に対し、被疑者の勾留を請求したところ、同裁判所裁判官梶田英雄が同日右請求を却下したことは記録により明らかである。そして検察官提出の資料によれば、被疑者が勾留請求書に被疑事実として記載されている罪を犯したと疑うに足りる相当な理由があること、並びに被疑者が現在家出中で定まった住居を有せず、かつ逃亡すると疑うに足りる相当な理由があって、刑事訴訟法第六〇条第一項第一号に該当することを認めるに十分である。しかしながら、被疑者は満一七歳で少年法二条にいう少年であり、同法第四三条第四八条第一項によれば、検察官は少年の被告事件についてはやむを得ない場合でなければ勾留の請求をすることができず、少年の拘束を必要とするときは、通常勾留に代えて同法第一七条第一項の観護措置を請求すべく、裁判官はやむを得ない場合でなければ少年に対して勾留状を発することができない。しかるに検察官提出の資料によれば、観護措置により被疑者を拘束したとしても事件処理上格別の支障があるものとは認められず、本件では勾留により被疑者を拘束せねばならぬやむを得ない事由を認めるに足りる資料がない。してみると、本件勾留請求を却下した原裁判は相当であって、本件申立は理由がないから、刑事訴訟法第四三二条第四二六条第一項に従って本件申立を棄却すべきものとして、主文の通り決定する。

（日付および裁判官名）

昭和三八年九月二一日

大阪地方裁判所第三刑事部

裁判長裁判官　吉益　清

裁判官　石松竹雄

裁判官　吉川義春

（別紙）

申立の趣旨及び理由　　省略

その二　被疑者　Ｂ

（前文）

右の者に対する詐欺被疑事件について、大阪地方裁判所裁判官がなした勾留請求却下の裁判に対し、検察官から準抗告の申立があったので、次の通り決定する。

（主文）

本件申立を棄却する。

（理由）

一　本件準抗告申立の要旨

（一）被疑者に対する後記詐欺の被疑事実について、被疑者に罪証隠滅の虞れと逃走の虞れがあるものと認め、被疑者の勾留請求をなしたところ、裁判官は別紙記載の理由によりその請求を却下した。

（二）裁判官は共犯者Cが主導的であったというが、本件記録によると、Cにおいて被疑者を誘い犯行を共にしたのではなく、むしろ被疑者において積極的に被害者方に立ち至っているのみならず、被疑者は支払の意思のなかったこと、即ち詐欺の犯意について否認しており、その処分先の裏付け捜査も未だなされておらず、このまま釈放するにおいては被害者等に工作罪証隠滅の虞れがある。

（三）又裁判官は、被疑者には余罪なく事案軽微で職業もあり、逃走の虞れなしというが、本件記録（被害者の供述及び検察官作成の被疑者に対する弁解録取書）によると、同種余罪二件（自転車三台共犯者一名逃走中）がある上、被疑者は過去に職業を転々としており、現職についたのもわずか二か月以前であって逃走の虞れがあるものと思料する。

（四）従って、被疑者は罪を犯したことを疑うに足りる相当の理由があるのみならず、刑事訴訟法第六〇条第一項第二、三号に該当することが顕著であるのに、これらの理由なしとして勾留請求を却下したことは判断を誤ったものであるから、右裁判を取消したうえ、勾留状の発付を求める。

二　当裁判所の判断

（一）勾留請求書に引用してある逮捕状請求書の記載によれば、本件被疑事実は、「被疑者はC

と共謀して昭和二八年九月七日午後八時三〇分頃、河内市稲葉六四八番地自転車小売販売業月元繁太郎方において、同人に対し、支払の意思がないのにかかわらず、これある如く装い「一五日に頭金を入れ年内に完済する」と申し向け、その旨誤信せしめ、月賦購入名下に二輪自転車二台時価三万円相当を交付させ、これを騙取したものである。」というのである。

（二）　大阪地方検察庁検察官事務取扱副検事が右被疑事実につき、大阪地方裁判所裁判官に対し被疑者の勾留請求をしたところ、同裁判所裁判官石井一正が別紙記載の理由を付して右請求を却下したことは記録により明らかである。そして、検察官提出の資料によれば、被疑者が右被疑事実につき罪を犯したことを疑うに足りる相当な理由あることをみとめることができる。

（三）　しかしながら、検察官提出の全資料によっても、被疑者が刑事訴訟法第六〇条第一項第一号に該当するものと認められないのは勿論、被疑者が罪証を隠滅すると疑うに足りる相当な理由、又は被疑者が逃亡すると疑うに足りる相当な理由があることを認めるに足りる資料はない。即ち、検察官の主張するように、被疑者は支払の意思がなかったこと、即ち詐欺の犯意を否認し、又騙取物件の処分先の裏付捜査が未だなされていないけれども、かような事実があるからといって直ちに被疑者に罪証隠滅のおそれがあると認められないし、被疑者は共犯者Cの元被用者であったプラスチック成型工であって、被害者や処分先に働きかけて罪証の隠滅をはかると認められるような資料はない。のみならず、共犯者のCは被疑者と同時に勾留を請求されて勾留されており、被疑者が同人と通謀するとは考えられない。そして又、被疑者は現在親元に居住して定職を有し、逃走のおそれがあると認めるべき資料はなく、被疑者に検察官主張のような余罪があるとしても、この事実から被疑者に逃走のおそれがあると認めることができないことは多言を要しない。

(四) してみると、被疑者は刑事訴訟法第六〇条第一項各号に該当せず、本件勾留請求はこれを却下するのが相当であるから、右請求を却下した原裁判は正当であって、本件申立は理由がない。よって、刑事訴訟法第四三二条第四二六条第一項に従い、本件申立を棄却することとして主文の通り決定する。

昭和三八年一〇月一〇日

大阪地方裁判所第三刑事部

裁判長裁判官　吉益　清

裁判官　石松　竹雄

裁判官　喜多村治雄

別紙

却下理由

被疑者は、共犯Cと比較すれば、余罪なく、本件は事案として軽微である。ただ共犯Cは犯行をみとめ、被疑者は支払意思のみを否認しているが、Cは年齢、身分関係（被疑者はCの元使用人）からみて主導的であり、Cを勾留して隔離すれば通謀は防止できる。被疑者は現在親元におり、職業も持っているので、これに本案の軽微さを加えて考えれば逃走のおそれはない。被疑者と被害者との関係は希薄であり（被疑者のみでは自転車の販売を断られ、Cが介在してのみ本件犯行が成立したこと、犯行後被害者に示談の話を持っていったが断られたこと）、この点から被害者への働きかけの成功はのぞめない状態である。又支払意思の有無は、被疑者の収入、自転車の処分状況等の客観的事情から判断されるものであるから、容易に罪証隠滅できるものではない。また処分先等につき仮に被疑者がかくしたとしても、犯行をみとめている共犯から供述を得ることができるものである。

その三　被疑者　　　Ｄ

（前文）

右の者に対する業務上横領被疑事件について、昭和三八年一一月九日大阪地方裁判所裁判官のした勾留請求却下の裁判に対し、大阪地方検察庁検察官から適法な準抗告の申立があったので、当裁判所は次の通り決定する。

（主文）

本件申立を棄却する。

（理由）

第一　本件申立理由の要旨

（一）　被疑者が本件被疑事実を犯したことをうかがうに足りる相当な理由があることは、被害者をはじめ、関係者の供述によってあきらかである。

（二）　被疑者は罪証を隠滅すると疑うに足りる相当な理由がある。すなわち

（1）　被疑者は、検察官に対して犯行を否認し、「一五〇〇万円を自己の旧債務の支払に充当したことは間違いないが、それは被害者から預かっていた約手を割り引いてやるためであり、そのことは被害者も承知していたことである。」旨弁解している。石井裁判官は、自己の前で、被疑者が犯行を認めたと述べているが、捜査官の前で否認している被疑者が裁判官に自白したからといって、その自白の真実性は甚だ疑問である上、その後の捜査の段階でいくらでも否認に転換する可能性のあることは経験上顕著な事実であるから、裁判官の面前で自供した点を取り上げて被疑者が今後も自供するということは到底できない。

（2）　被疑者は、被害者の情夫である小山に対し、電話で面会を強要した事実が小山の供述調書で明白である。又被疑者の本件金員の費消先（被疑者に対する債権者）の裏付捜査がまだ完了していない。

（3）　従って、被疑者は被害者及び小山に働きかけて面会を強要し、或いは脅迫して罪証隠滅をはかる虞のあることは勿論のこと、金員の費消先と通謀して証拠隠滅をはかる（例えば、金員の費消は手形割引を条件としたものであるとか、そのことを被害者が了解し

ていたものであるとか供述してくれと、債権者である費消先に頼み込み、費消先としては、すでに自己の被疑者に対する債権の弁償を受けたあとであるから、被疑者の供述に迎合した虚偽の供述をなす等の）虞がある。特に、被疑者は所謂もぐりの不動産屋であるから罪証隠滅をはかる蓋然性は極めて大である。

（三）被疑者は逃亡すると疑うに足りる相当な理由がある。

（1）本件被害額は、一五〇万円という大金であり、被疑者としては当分早急に弁償見込みのない程の大金である。

（2）被疑者はこれまで多額の負債を有しており、本件金員は債権者から請求を受けてその支払充当のために費消している状況である。

（3）被疑者は、所謂もぐりの不動産業者である。

（4）かような点を考えると、本件の被害弁償をまぬかれ、かつ他の債権者からの債権取立をまぬかれるために逃亡する可能性が大である。

（三）よって、被疑者は、罪を犯したことを疑うに足りる相当の理由があるのみならず、刑事訴訟法第六〇条第一項第二、三号に該当することが顕著あるのに、これらの理由なしとして勾留請求を却下したことは、判断を誤ったものであるから、右裁判をとりけしたうえ、勾留状の発付を求める。

第二　当裁判所の判断

（一）本件勾留請求書に引用されている逮捕状に記載されている被疑事実は、「被疑者は土地家屋の仲介を業としている者であるが、大阪市北区堂島上二丁目七二番地バー山崎の店舗権利譲受けの仲介を大阪府豊中市服部本町一丁目六四番地鈴木美代子に依頼を受け、この譲渡資金として昭和三八年九月七日午後五時三〇分頃大阪市北区梅ヶ枝町七一番地宇治電ビル前地下喫茶店で五〇万円、更に同月一三日午後五時頃大阪市東区淀屋橋新住友ビル地階喫茶店で二〇〇万円の合計二五〇万円を預り、同人において保管中、昭和三八年九月一八日午後六時頃大阪市北区高垣町三〇番地サントス喫茶店において、バー山崎の店舗所有者大阪市北区万才町四三番地山崎昭子に契約金として一〇〇万円を渡し、残金一五〇万円を自己のほしいままに費消し、もって業務上横領したものである。」というのである。

(二) 昭和三八年一一月九日大阪地方検察庁検察官が被疑者に対する右被疑事実について、大阪地方裁判所裁判官に対し被疑者の勾留を請求したところ、同裁判所裁判官石井一正が別紙記載の理由を付して右請求を却下したことは記録によって明らかである。そして、検察官提出の資料によれば、被疑者が右被疑事実の罪を犯したことを疑うに足りる相当な理由があること、並びに被疑者が刑事訴訟法第六〇条第一項第一号に該当しないことが明らかである。

(三) そこで、被疑者が同条第一項第二号に該当するかどうかについて判断する。検察官提出の資料によれば、被疑者が捜査官に対し右被疑事実の一部を否認していること、即ち、被疑者は、捜査官に対し、右被疑事実中金一五〇万円を費消したことを認めながら、右金一五〇万円は被害者のために被害者振出の約束手形(手形金合計二九〇万円)の割引を他人に依頼する必要上、被疑者が右手形割引依頼先に対して負担していた別個の債務の弁済として、被害者の承諾を得てこれを支払った旨陳述し、原裁判官に対しては、被疑事実を全部自白していることを認めることができるけれども、黙秘権を有している被疑者が捜査過程でかような供述をしたからといって、このことから直ちに被疑者に罪証隠滅のおそれがあるものと推断することは許されない。次に右資料によれば、検察官主張のように、右金一五〇万円の費消先の裏付捜査が完了していない事実をうかがうことができるが、捜査の完了していないことをもって、勾留理由となし得ないことはもとより当然であり、被疑者が右費消先に働きかけて罪証隠滅をはかることを推測せしめるような資料はない。又、右資料によれば、被疑者が宅地建物取引業法による免許登録を受けていない事実を認めることができるが、かような事実から罪証隠滅のおそれを推測することができないのは勿論である。更に検察官は、被疑者が被害者の情夫である小山に対し、電話で面会を強要したと主張し、右資料によれば、被害者と小山孝之亮とは所謂妾関係にあって、本件店舗賃借権譲受代金は実際にはほとんど小山孝之亮が出したものであること、及び同人が昭和三八年一一月二日頃から同月五日頃までの間数回にわたって本件に関し、電話によって面会を求められたことを認めることができるけれども、被疑者は右電話をかけたことを否認しており、右電話をかけたのが被疑者であるのか、或いは被害者の依頼により途中から本件取引に介入するに至った年梅某なるものであるか、必ずしも明らかでない。のみならず、かりに被疑者が右の如く小山孝之亮に電話をかけて、面会をもとめたことがあるとしても、上記被疑事実の内容、取引の経過及び被害者が被疑者を告訴している事実等に照らして考えると、これから直ちに被疑者に罪証を隠滅すると疑うに足りる相当の理由があるものと認めることはできない。而して以上各事実を総合しても、被疑者に罪証を隠滅すると疑うに足る相当の理由があるものと認めることはできず、他にかような理由を認めるに足る資料はない。

(四)　次に、被疑者が刑事訴訟法第六〇条第一項第三号に該当するかどうかについて判断するに、本件被疑事実における横領金額が一五〇万円というかなり多額のものであることじたい、被疑者に逃亡のおそれがあるものと推測せしめる有力な事実であるけれども、上記資料によれば、被疑者は免許登録をこそ受けていないが、事実上従業員を雇って不動産仲介業を営み、一定の住居に妻子とともに居住し、妻子と母親を扶養している事実がうかがわれ、かような事情に照らすと、右の如く被害金額が多額であることだけでは、被疑者に逃亡のおそれがあるものと認めるに十分でなく、被疑者に上記一五〇万円をもって弁済した債務があったことは認められるが、他に被疑者に逃亡のおそれがあることを推測せしめるような多額かつ火急の債務があることを認めるに足りる資料は提出されていない。その他に被疑者が逃亡すると疑うに足りる相当な理由があると認むべき資料はない。

(五)　してみると、被疑者は刑事訴訟法第六〇条第一項各号のいずれにも該当せず、本件勾留請求はこれを却下するのが相当であり、従って右請求を却下した原裁判は正当であるから、本件申立は理由なきものとしてこれを棄却すべく、刑事訴訟法第四三二条第四二六条第一項により主文のとおり決定する。

昭和三八年一一月　日（※原稿のため、日が空欄）
大阪地方裁判所第三刑事部

裁判長裁判官　吉益　清
裁判官　石松　竹雄
裁判官　喜多村治雄

別紙
却下理由

一　被疑者は本件犯行を認め、横領金の費消先をも自白しているし、被害者は告訴までしている位で、被疑者の働きかけに応じるとは思えない。なお、被疑者が小山に対して面会を強要したという点については十分信用できない。右以外に被疑者の生活環境等からみて、とくに罪証を隠滅するおそれのある状況も看取できない。

二　家族、住居、財産、職業等からみて逃亡のおそれはない。

二　大阪地裁合議部へ――いわゆる学生事件の審理

いわゆる学生事件の審理については、かつてある会合でしゃべり、印刷にもなっているものもあり（石松竹雄『刑事裁判の空洞化――改革への道標』所収「裁判官から見たわが国の刑事裁判」

四九頁以下（一九九三年、勁草書房））、以下の記載は、これと重複する部分が少なくないが、筆者にとっては重要な問題であるのでご容赦願いたい。

筆者が昭和四四年五月頃、合議部（新設部）の裁判長として仕事をし始めてから間もなく、同部にもいわゆる学生事件が相次いで係属するようになった。これらの事件の被告人は、公判段階では、大部分の被告人が保釈等により釈放されていたが、それら在宅の被告人らは一部の傍聴人とともに、裁判粉砕を叫び、ヘルメットをかぶって入廷してきた。筆者らの部では、被告人や傍聴人がヘルメットをかぶった状態での審理は一切しないが、警察官を法廷に入れて強制的にヘルメットをとらせたり、退廷を命じて被告人なしの状態で審理することもしない、すなわち、被告人らがヘルメットも脱ぎ、通常の状態で審理を受けるようあくまで説得し、それを辛抱強く待つという方針で審理に臨んだ。このような審理方針は、筆者の部だけが採った方針ではなく、筆者が学生事件を担当する以前から、この種事件の審理に携わってきた大阪地裁の裁判官達が考えかつ実行してきたものであって、少なくともその当時の大阪地裁刑事部裁判官の多数によって、承認され実行されていた審理方針で、筆者は先人の採った審理方式を踏襲しただけであった。それにしても、このような審理方式を貫き通すことは、筆者のような徳も力も乏しい者にとっては非常に忍耐を要する至難の仕事であった。法廷は、時に喧噪を極め、審理に入れず、ぶざまな姿だと思いつつも公判期日を空転させたことも再三あった。検察官と弁護人だけの法廷、弁護人もいない検察官だけの法廷は、法廷の名に値しないと考え、そのような法廷で審理をすることだけは何としてでも避けたいと考えてひたすら耐えてきたといって良いであろう。

当時、筆者は、三年間ばかり大阪府下池田市内の官舎に居住しており、裏は五月山であった。学生事件の審理の前日は、しばしば夕刻から、五月山に駆け上り、伊丹空港に発着する飛行機を眺めながら、明日はどの手でいってやろうか、少々騒いでも辛抱してもう一回公判を流そう、などと考えてから、稜線を走って箕面の滝から走り下って夕闇の中を帰宅し、入浴した後少し杯を傾けて熟睡していたことを思い出す。その後大阪府下和泉市内の現住居に移ってからも、ほぼ同じような経験を繰り返していたが、昭和四九年高裁に変わり、法廷の秩序維持にあまり苦労しなくなってからは、ランニングはもっぱら早朝となった。

熟睡というと、網田さんとの問答を思い出す。筆者が地裁の裁判長をするようになってから、時に裁判官室を訪れていた網田さんが、ともに机を並べていたときにも言われたことであるが、あるとき、公安事件の公判の前夜は眠れなかったという話をされ、君はどうかと言われて、筆者はそうでもないような答えをしたところ、網田さんは、なんと鈍い男と思われたか、事件に対する真剣さが足りないと判断されたのか、一瞬困った奴だというような表情をされたことがあった。筆者は、難件の前日は、夜一時間ばかり走った上、一杯ひっかけて熟睡するという奥の手があるということは言わなかった。ほのぼのとした思い出である。ちなみに、ランニングは、速度も距離も随分落ちたが、九〇歳を越した今でも細々と、もう五〇年以上も続いている。

当時、学生事件の審理のしかたは、大阪地裁と東京地裁とではかなり異なっていた。そのことに関して、多分形の上では司法研修所の主催ということで、何度か、東京側と大阪側の学生事件担当の裁判官が、中間の愛知県の蒲郡に集まって協議会が開かれた。筆者も何回か出席した記憶がある。

筆者らは、警察権力によって護られた法廷は、被告人その他訴訟関係人が自由に発言できる法廷ではないこと、法廷警察権の行使は当該受訴裁判所ないし裁判長の権限であるから、各部間の協議や裁判官会議の申し合わせ等は、一応の基準として尊重するが、究極的に法廷警察権をどのように行使するかは、当該各裁判部の専権であることを基本として主張し、暗に、東京地裁で裁判体の構成員でない所長代行判事が音頭を取って、拘束力の強い申し合わせ事項を造っていることを非難したのに対し、東京側の主張は、東京と大阪では、弁護人の姿勢が全く異なり、東京では、弁護人の協力が全く期待できないため、大阪のような柔軟な訴訟指揮は不可能であること、また、被告人は、裁判そのものを否定しているのであるから、これに対応するには、各裁判部が協力し歩調を合わせて、強い態度で臨まなければ裁判の権威を守り得ないことを力説した。そして、両者の間に激しい議論が戦わされたが、勿論決着がつく問題ではなかった。その状況は、あるとき出席されて終始議論を聞いていた名古屋高裁長官が会議の終わりの挨拶で、両者の真剣で激しい議論を襟を正して拝聴したと評されたほどであった。

その議論の中で、筆者と同期の東京側のある裁判官が、「もし石松君が東京にいたら、今の東京の裁判官よりもっと強権的な訴訟指揮をするだろう」という意味のことを言った。仮定の話であるから、筆者は笑って答えなかったが、内心仮に東京地裁にいても、大阪でやっている通りのことをやっている、という自負心に燃えていた。若いころの思い出である。ただ、今にして思えば、たしかに大阪の学生事件の弁護人の弁護の姿勢は、東京のそれとは異なっていたし、また、以前から公安事件の弁護を担当されていた大先輩の毛利与一、佐伯千仭両弁護士が、学生事件にも関与されて、被告人や若い弁護士を刑事裁判の土俵の上に上がるよう指導されていたことなど、大阪の裁判官は東京の裁判官のように困難な立場に立たされていなかったのは事実である。

筆者はこのとき約五年間、大阪地裁に在任したが、学生事件、新左翼事件の数は五十数件（一人一件の算定で）に達したと思う。幸い一回も警察官を法廷に入れずに終わることができた。ただ、警察官を入れざるを得ないような事態になる危険はあった。それは、ある西成（大阪市西成区飛田周辺）の事件についてその日の審理を終え、訴訟関係人も傍聴人もほとんど退廷し、弁護人の一人と廷吏が一人、法廷に残っていた際、傍聴人によって法廷内に仕掛けられていた爆竹が轟然と大音響を出して爆発した。幸い負傷者はいなかったが、その後すぐに出頭してきた弁護人と傍聴者の代表者に対し、次回から傍聴人一人に一人ずつ警察官を付ける旨を告げたところ、彼等は、以後絶対にこういう事件は起こさせないから、そのように警察官を法廷に入れることは避けていただきたいと申し出た。もともと警察官を法廷に入れることに消極的な筆者は、結局この申し出を入れて、警察官の警備なしで公判を開いたが、このような事件は二度とは起こらなかった。その後、間もなく筆者は大阪高裁に転出したように記憶する。

警察官に護られた法廷を極力避けようとした努力も、裁判官の入れ替えなどによって空しくなり、大阪地裁もやがて全国一律の強権的法廷運営に統一されたように思う。とすると、学生事件は日本の司法に何を齎したか、と問うても、ほとんど積極的、前進的な結果を発見することができない。むしろ、日本の法廷から、訴訟関係人特に被告人が自由に発言できる雰囲気を奪い、とりわけ気の弱い被告人を委縮させ、言いたいことも自由に言えない雰囲気を生んだのではないかという気がする。ほぼ同時期に起こったドイツの学生運動が、同国の目覚ましい司法改革の原動力になったのと対照的であるように思われる。何故そうなったのか、徹底的に究明することは、将来の司法のためにも重要なことのように思われるが、筆者には、もうその能力もなければ、時間もない。

私が、大阪地裁第七刑事部で裁判長をしていた五年間、法廷の廷吏はただ一人だけであった。私の記憶に誤りがあっても、その五年間の大半はその廷吏であったことに間違いはない。少々年配の温和な方であったが、私のちょっとした動作からその心中を察して、適切な対応をとってくれるまでになっていて、私の訴訟指揮については欠かせない存在になっていた。その方が、私が同部を離れて、一年ぐらいしてからであったろうか、突然自殺された。執務の都合で葬儀には参列できなかったが、直後にお悔やみに参上し、ご遺族にうかがったところ、自殺の原因は、よくはわからぬが裁判長が変わってから、法廷のやり方が随分違うといって悩んでいたという話をされた。私との間には、以心伝心の関係ができ上がっていたと思っていたので、何か申し訳ないような暗然たる気持ちで辞去したことであった。

◎大阪地裁の裁判長時代

(1)　逆風に向かう

安原：さきほどの話にも出ましたけど、その後、大阪地裁の裁判長になられました。学生運動の事件も担当して、そのときに、大阪と東京で裁判のやり方が違うので統一しようとしたけれども、結局物別れに終わった。そのときも警官隊なんかいれるのは裁判にならんと、強く主張されたわけですよね。それから付審判事件でも、半公開というか当事者公開するべき、という立場を取られた。その事件の忌避申立てについて、最高裁の決定でもいやがらせみたいなことを言われながら、そこまでやるというのは大変だったんじゃないかなと思います。それを頑張りぬいたというのはどういうことでしょうか。そういうところはかなり学者的じゃないかと思いますが。

石松：学者的でないんだな。逆風に向かって歩くというのは、僕は好きなんですよ。どうもね、自分を反省してみると。それは、網田さんの生き方で影響を受けているかもしれんと思うし、うちの家系もそうかもしれないんだけど、なんとなくね、逆風が吹いていると、その中を歩いているのが快感というか。

安原：燃え上がっちゃうんですね。

石松：そういうところがあるんですわ。順風に乗っている、静かにやるということはなんか面白くない、だと思いますよ。どうしてそういう性格が形成されたかというと、よくわかりませんけど、本来の性格なのか、自分の経験の中から生まれてきたのか、よくわかりませんけど。だからね、台風が来たときも風に向かって歩くというのが非常に好きなんです。

安原：心身ともにそうなんですね。

(2) 刑事裁判の在り方について

安原：地裁の裁判長時代におそらく、今の刑事裁判の在り方について危機感を持っておられたんですか。

石松：うん、それはやっぱり危機感は持ってましたね。

安原：令状判断という点で。

石松：学生事件をやるときは危機感を持ってたですよね。学生も勿論悪いですからね。大阪みたいな訴訟指揮で行くか、東京みたいに行くか、中途半端なことは許されなかったのかもしれませんね。だから、それはまあ、僕は大阪のやり方にして、あとに何か残していけば良かったと思うんだけど、それはできなかったんですけど。そういうことでね、ただ法廷だけはきちんと被告人がものを言える法廷を残していけるようにしたんですわ。僕は東京の法廷をちょっと覗いたことがあるけど、非常に静謐というか、ちょっとでも動いたら空気をみだすようなそんな雰囲気なところもあるんで、あれじゃ被告人がもの言えんなと思ったですよ。やっぱり、ざっくばらんにものを言える法廷でないと本当の裁判はできないなというのが僕の考え方なもんですから。

安原：そういう秩序をピシッとしたような訴訟指揮を推進したのは最高裁です。刑事裁判の在り方については最高裁にも相当な責任があるんじゃないかと思うんですけど、その点はどうなんですか。

石松：それは随分最高裁からは狙われてたんでしょうけど、直接の干渉っていうのはあんまりなかったですよね。蒲郡で何回か、東京と大阪の会合やってますよ。最高裁が考えてやらせたことだと思うんですけど。表向きの主催者は司法研修所だったんですけどね。蒲郡で東京、大阪、神戸も含めて、関東方面、関西方面の裁判官を集めて、あそこで議論をさせていたんですよ（一六九頁参照）。

安原：学生運動の事件が訴訟指揮を厳しくしてしまった、あるいは刑訴法の運用を悪くした大きな原因だといわれていますが、しかし、あれをそういってしまうと何もできない、何も主張できない。学生たちのやり方が悪いのは間違いないけど、それが原因で刑訴法の運用が悪くなったというような言い方はどうなんでしょうかね。

石松：学生運動の事件を契機として日本の刑事裁判が反動化したことは間違いないのですが、学生ばかりに責任があるとは思っていません。刑事事件の訴訟指揮は東京方式と大阪方式とで徹底的に違ったんですよ。僕は一回も警察官入れてませんしね。ところが、東京は警察官を入れてシーンとした法廷をやりはじめていたんですよ。しかし、警察官に護られた法廷は法廷ではないというのが私の考え方です。ところが、東京方式は、戦後法曹が作り上げてきた民主的な刑事法廷慣行を破壊してしまったのですが、東京を中心とした法曹は、それを傍観してしまったということではないでしょうか。

安原：そうですね。それを無視して法廷で無秩序に発言する学生がおったと思うんですけど、それは東京方式で定着する原因となったという言い方はどうかと思いますが。現象としてはそうなんですけど。

石松：東京方式は学生も悪かったけど、裁判所が定着させたんであって、それについては在野法曹にも大きな責任があると思います。一方、ドイツの法曹は、学生運動にのっかって、司法改革を実行したわけですよ。ところが日本の学生運動はそういうふうに行かなかったんですよ。

安原：ドイツと日本の違いっていうのは、戦争責任が非常に厳しく問われて、ナチスに協力した法律家は戦後、みんな排除された。そこへ若い人が入ってきたので、そのようなことができた。日本は、戦後若い人が裁判所に入っていてもなかなか改革はできなかったですね。

石松：たしかにそれはあるんでしょうね。

安原：さっきの石松さんが保釈決定を出したことは刑訴法改悪の原因というのもちょっと違うだろうと思いますが。

石松：いや、一瞬そう言われたんではないかと思ったということですよ。

安原：だけどそれはおかしいんじゃないかな。それなら、何もしないで全部勾留しとけば良かったんですかね。

石松：いやそういう意味じゃなしに。僕は自分の裁判は間違いないと思っているけど、それを理由に改悪がされたということです。

安原：それにかこつけて利用するやつがいるというのが問題なわけです。

石松：言われてみると、利用されて改正（悪）されたのは間違いないのではないかと思ったということを言っているんですよ。

安原：訴訟指揮についても、もっと強権的に当事者主義じゃなくて、裁判所法で戦前のような法廷を考えている連中がいて、それはああいうのを利用して実現したという問題では。

石松：学生の責任だけだとは言っているわけじゃないけど、学生もね、そこは考えなきゃいかんだろう。

安原：勿論そうです。弁護人の中にはそういうことをいさめてね、やった人がおったということはその通りです。それを聞かない学生がいっぱいおったということなんですけど。

石松：それは毛利・佐伯両先生が指導力を維持していた大阪と、東京で今までの積み上げてきた成果が失われるのを弁護士が黙認してしまったということの違いは大きいと思うんですよ。東京でもやっぱりね、従来の公安事件を経験した弁護士が全部集まって、正面からぶつかってやっていれば、もう少し違っていたと思う。

安原：じゃあ、みんな学生がそういう形でおとなしくしていれば刑訴法は改悪されずに済んだといえますか。

石松：いやいや、学生がおとなしくではなく経験豊かな弁護人がちゃんと指導しとれば、また変わっていたのではないかということですよ。あのとき実際に弁護を担当したのは学生の言う通りやっていただけではないですか。少なくても東京では。

三　筆者に対する忌避申立事件

この件についても、かつてかなり詳しく語り、印刷物になったものがある（前掲・石松竹雄「裁判官生活四〇年の終りに」四二頁以下）。若干繰り返しになるかもしれないが、一言触れておきたい。

それは、ある付審判請求事件について、筆者が裁判長を務める大阪地裁第七刑事部が定めた審理方式に関して、被疑者の弁護人がした裁判官忌避申立てに関するものである。私の部では、警察官の暴行を理由とするある付審判請求事件について大略次のような審理方式を定めた。すなわち、

「請求人（代理人を含む。以下同じ）及び被疑者の弁護人に捜査記録の閲覧謄写を許す、請求人申請の証人・鑑定人の尋問、被疑者の取調を法廷で行い、公開はしないが請求人に立会権を与え、質問を許すが、被疑者及び弁護人は立ち会わせない、これらの取調が終了した後、弁護人にその閲覧謄写を許す、請求人請求の事実の取調が終了した後、弁護人に証拠申請を許す、弁護人申請の証人・鑑定人の尋問、被疑者の取調も法廷において行い、公開はしないが、被疑者及び弁護人に立会の機会を与え、質問を許す。」

というものであった。

これは、付審判請求手続は、本質的に捜査であるが、裁判所に捜査の実力がないため、請求人代理人に捜査の一部の責務を負わせ、その反面、被疑者及び弁護人に通常の被疑者及び弁護人より遙かに強大な権限を与えるものであって、付審判請求手続の実効性を求めて、相当考えたうえでの運用方式であったつもりである。

これに対して、被疑者の弁護人が裁判官の忌避を申し立て、一審の忌避申立却下決定に対して即時抗告を申し立て、その却下決定に対し、さらに最高裁に特別抗告を申し立てたのに対し、同第二小法廷のした昭和四七年一月一六日決定は、

「本件合議部裁判官が請求人と被疑者との間に一種の公平を保持しようとしたものとしても、なお不揃いの点があるのである。そして、そのような方式による審理は、一般的には、事案の真相究明のうえにもなにほどかの傾斜を来すおそれのあることも予測されないではなく、もしさような傾斜を目的としてことさらに本件審理方式が案出されたとすれば、それは前述したような審理過程外

の要因の存在をうかがわせるものとして、まさしく忌避の理由となりうるものである。したがって、申立人が、これらの点は本件合議部裁判官が審理過程外においてすでに事件につき予断偏見をいだいていることの徴表ではないかと疑い、不公平な裁判がなされるおそれがあるとして本件忌避申立に及んだことは無理からぬ点なしとしない。」というのである。

筆者は、この決定を知ったとき、裁判所の示した審理方式は、現行法の捜査構造のもとで、付審判手続を実効性のある制度にするため、真摯に検討した結果得られた結論であって、若干補正の余地はあるにしても、その正当性を信じていた。今もそうである。したがって、正直に言って、この忌避申立てを無理からぬものとした最高裁裁判官に対しては、警察側の主張に盲従する軽蔑すべき裁判官として格別腹も立たなかった。ところが、この決定が出てから間もないころ、ある知り合いの最高裁調査官から、この決定は、ある検察官出身の裁判官の強い主張によって生まれたものであって、最高裁裁判官及び調査官全体の意見ではないから、あまり気にしないようにという趣意の書信をいただいた。おそらく、筆者が軽率に退官などの行動を採らないように、自重を求めるものであろうと思って有難く頂戴した。しかし、筆者にそういう気は毛頭なく、このときは、「自ら反（かえり）みて、縮（なお）ければ千万人と雖も吾れゆ往かん」（孟子公孫丑上、岩波文庫版『孟子(上)』一一六頁（一九六八年、岩波書店）版読み下し文による）というような気持ちであった。

そもそも、付審判制度は大正時代から在野法曹がその実現を要求し続け、幾度か法案提出をしながら、実現し得なかった重要な制度である。しかも、この制度の実現後、これを利用して、違法を行った官憲の処罰を求めようとする被害者は毎年数百人に達する。ところが、付審判請求の結果付審判決定のあった事件は、昭和二四年一月一日の現行刑事訴訟法施行の日から平成二四年一二月末日までの六五年間に二一件、すなわち三年に一件に過ぎない。しかも、そのうち警察官を被告人とする一八件のうち実体判決が確定している一六件中七件については無罪判決が確定しているのである。これが警察官による職権濫用の実態に照応するものでないことを疑う者は、真面目な実務家の中には一名もいないであろう。

第九章　大阪高裁刑事部へ

一　長期未済事件の処理

筆者は、五年間大阪地裁に勤務した後、昭和四九年春大阪高裁への転勤交渉を受け承諾した。ちょうどいわゆる学生事件の処理が一段落した時分であったと思う。裁判官任官後、すでに二四年ばかりを経過していたが高裁での執務は初めての経験であった。それまで、訴訟指揮権や法廷警察権の行使に苦心していたのに反し、書面審査が中心ではあるが、静かに事件の処理に専念できるのは大変有難かった。配属されたのは、大阪高裁第一刑事部、裁判長は原田修判事であった。

何分控訴事件を取り扱うのは初めての経験であったため、事件の処理に追われながら、四苦八苦して執務していたが、次第に控訴事件の取り扱いにも慣れて来るとともに、この部に係属して、手が着けられないままロッカーに眠っている多数の事件のあることを知った。事件が滞留した主たる原因は当代及び前代の裁判長（総括裁判官）が病弱で休みがちであったことのようであるが、当事者側の事情もあった。というのは、当時高検の検察官には、古いややこしい事件を起こされると忙しくなるので、そっとしておいて貰ったほうが有難いという退嬰的な気分の者がかなりいたし、弁護人も控訴審で一審判決がはっきり被告人に有利な方向に変更される見込みがあれば別であるが、そうでなければ放置されることに一向に痛痒を感じないのである。そのような事情もあって、多数の古い未処理事件ができていたのであった。

昭和四七年一二月二〇日最高裁大法廷がいわゆる高田事件において、一五年余の審理中断は、憲法違反的訴訟遅延に当たるとして、免訴をもって訴訟打ち切りを宣言した。その後、第一審神戸地裁姫路支部、第二審大阪高裁、起訴後第二次控訴審判決まで約一六年を要した事件について、上告審で憲法三七条一項の迅速な裁判の保障条項に反する異常な事態が生じているか否かが争われた。最高裁第一小法廷は、昭和五〇年八月六日同保障条項に反する異常な事態は生じていないとして上告を棄却したが、この判決には、下田・団藤両裁判官の反対意見が付されていた（刑集二九巻七号三九三頁）。

このような事情のもとで、大阪高裁では、長期未済事件の処理が緊急の問題となったが、最も多くの長期未済事件を抱えていた筆者の所属する第一刑事部がやり玉に上がり、これを早急に処理するため、次のような措置が採られた。すなわち、問題の第一刑事部では、総括裁判官が健康上の理由で長期未済事件の処理を辞退された。そのため、お鉢が陪席裁判官の中で一番期の古い筆者に廻り、総括裁判官の資格ない筆者が裁判長となり（訴訟法上の効力には影響はない）、角敬判事及び青木暢茂判事とともに、事実上一か部を構成し、第一刑事部の古い三十数件の未済事件を引き取って、昭和五一年一月から二年間を目標にこれを処理することとなった。多分第三刑事部乙という名称であったと思うが、独立の裁判官室と書記官室を与えられ、実質的には一か部増設されたと同様の態勢が採られた。

やってみると、難しい事件も勿論あったが意外に簡単に処理できた事件もあり、何よりもお二人の陪席裁判官の努力で、当初予定していた二年より早く一年半あまりでほとんど任務を終えることができた。そして、各裁判官はそれぞれ別の部に配置換えされた。ただ、次項で述べる事情により、一件だけ終結するのが遅れ、昭和五三年七月二四日に、勿論同一の裁判官で構成する裁判所で判決を宣告して、すべての任務を完了した。

その一件だけ遅れて処理された事件が、最高裁刑事判例集三四巻二号一五頁に掲載されている事件である。この事件は、上記三十数件の中でも最も古い事件であり、昭和二八年九月一九日から同年一〇月二九日までの間に数回にわたって私文書偽造、横領（背任）、恐喝罪によって起訴された事件が併合審理された事件であった。京都地裁峰山支部の一審判決（一部有罪、一部無罪）は、起訴後約一五年を経過した昭和四三年五月九日に言い渡された。有罪部分について、被告人から控訴が申し立てられたが、被告人が病気で出頭できないという理由で、一〇年近くの間、審理をされずに経過してい

大阪高裁時代
（自宅にて、1985年）

た。そこで、私どもの部では、昭和五一年の早い段階で、控訴趣意書と記録を一応検討した上、弁護人に対し、被告人が出頭できるかどうかを照会し、被告人がどうしても出頭できないならば、被告人不出頭のまま必要な事実調べの終え、被告人には書面による意見陳述の機会を与えて終結したいという趣旨のことを伝えた。すると、弁護人から、弁護人としてはこの事件が全部無罪になるとは考えていないが、被告人は全部無罪だと信じており、病気の状態から一、二年内には死亡すると思われるので、未確定のまま死を迎えさせてもらいたいという申し出があった。その頃は、勿論他に急がねばならぬ多数の事件を抱えていたので、その希望を入れて最後に処理することとしたが、結局被告人は病気ではあったが生存し続けた。

手許に当時の資料が残っていないので正確な日時などは不明であるが、他のすべての事件の終局の目途がついた段階で、裁判所は、被告人が病気のため出頭できないのであれば、その陳述を口頭で聴く必要はないものと認め、昭和五二年七月四日公判期日を開き、被告人不出頭のまま、必要な事実の取調べ（証拠調べ）を終えた。その後、被告人に書面による意見陳述の機会を与えて弁論を終結し、昭和五三年七月二四日、控訴棄却の判決を言い渡した。この判決に対し、被告人は上告を申し立て、上告審では、別の弁護人が選任され、一転憲法三七条一項の迅速な裁判の保障条項に違反することを主張した。

仄聞したところによると、この事件の係属した第一小法廷では、高田事件同様、憲法違反の訴訟遅延に当たるとして大法廷に回付しようとしたが、全裁判官の意見ではそのような判断がなされる見通しのないことが判明し、結局同小法廷では、（大法廷の意向に従い）三対二の多数意見で上告棄却の判決をすることになった、ということであった。勿論真偽のほどははっきりせぬが、免訴になるかどうかきわどい事件であったようで、この判決にも、団藤裁判官と戸田弘裁判官の反対意見が付されている（戸田裁判官は、その少数意見の中で、一審、二審のそれぞれ判決をした裁判所の構成になってからは、手続に問題はなく、むしろ審理を進めるための努力の跡が見られると書いておられる）。

このようにして、大阪高裁の癌になっていた古い事件の処理も終了した。筆者は、古くなった難件の処理に格別の手腕を持っているわけではないし、勿論そのような事件の処理を担当することを望んだこともない。ところが、めぐり合わせで、二度にわたって、一度は釧路地裁の民事事件について、二度目は大阪高裁の刑事事件について、いずれも裁判長として、手つかずに放置されていた古い事件の処理に当たらせられることになった。たしかに難しい事件もあったように思うが、意外に簡単な事件も混じっており、普通に仕事をしただけなのに、予定より早く仕上げることができたという実感が残っている。もっとも、どちらの場合も陪席裁判官が有能勤勉な方であったことが、予定より早い事件処理を可能にした大きな理由であった。

◎長期未済事件の処理

安原：高裁の代理裁判長のときにたくさんの長期未済事件を処理したということですが、いわゆるサラリーマン裁判官であれば、あまり世間にも注目されない、長くやっていて、争点も多い、記録も多いという事件は、普通は適当にやるということに発想が行きがちだと思いますが、なぜそこまでなさったのですか。

石松：あのときは、全体的に大阪高裁の危機だという感じがあったんですよ。どれだけ古い事件が未済のままであるかということは司法行政当局もつかんではなかったんだと思いますよ。

僕の行った部は、先代の裁判長の三木良雄さんが晩年病弱で、そのときからあまり難しい事件には手をつけていなくて、その次の裁判長の原田修さん（その裁判長のときに私が転入したのです）もまた病気勝ちだったのです。それに裁判官の出入りも多かった、交替も多かったため、飛びぬけて古い事件が多かったんです。当時は、古い事件を溜めても誰も文句言ってこないんですよね。検察官はむしろ喜んでいるんですよ。喜んでいるっていうか、起こしてもらわないほうが良いわけですよ。

安原：検事も大変ですから。

石松：弁護人もね、無罪になりそうな事件や高裁で被告人に有利に変更になることが予想される事件だったら急ぐけど、そうでなく、事案の内容や証拠関係は複雑だけどどうせ刑務所に行くんだったらしばらく待っているほうが良いっていうような、また、どうせ執行猶予の事件だから別に急ぐこともないというような、そういうことがあるでしょう。放置しておいても誰も文句言わない事件があるんですよ。そのような事件が何年にもわたってずっとロッカーに入れたままだったんですよ。

安原：それは司法に対する信頼を失うということでしょうか。

石松：それが高田事件でしょ。そのあとまた姫路にも古い事件があったんですよ。本文に書いた最高裁第一小法廷昭和五〇年八月六日の判決で、免訴にはならなかったけどもかなり問題になった事件です。大阪高裁の管内でしょ。高裁はかなりびっくりして、調べてみたところが、本文に書いている例の峰山の事件があったんですわ。これが新刑訴法になってからそう経っていないころの事件ですよね。まだ調書が全部、筆で書いてあるんですよ、えらいこっちゃとなったんですわ。あれは一審で一五年持って、高裁で一〇年ぐらい持っていたんですよ。ちょっとした普通の簡単な事件なのに二五年ぐらいかかっていたでしょう。それでこれは大変だっていうことになったんです。

安原：普通の簡単な事件ですか。

石松：普通ですよ。文書偽造、横領、恐喝罪でしたね。

安原：一審で一五年もったというのは何か理由があるんですか。

石松：被告人が病気になったんです。被告人は全部無罪を主張してたんですよね。当時部の裁判官には、あんな古い事件があるっていう具体的認識はなかったんでしょう。原田裁判長の数代前から審理がとまっていたということでしょう。だから、あんまり知らないんですよ。ロッカーに入ったままでね。

安原：普通、高裁の裁判長やったときに三年か四年で所長になるとかね、そういうコースですからまあ一部手をつけて一部は見ぬふりをしようとかそういう気持ちにならなかったんですか。

石松：大阪高裁の場合、裁判長は、原則として地家裁の所長を経験している裁判官ですので、次に所長に出るからという気分はなかったでしょうが、もう定年が近いから無理はしたくないということはあったかもしれません。ただ、私の所属した第一刑事部の場合、私が着任した当時の原田裁判長もその前の三木裁判長も病気勝ちであったという事情があり、それが古い難件が手をつけられずにたまった原因であったようです。

◎高裁での徹底審理を

安原：もう一つ、高裁時代に問題になっていたのが、事後審に徹底するという東京方式を見習えというようなことがいわれていました。あんまり証拠調べしないでさっさと事後審的な判決をすれば良いんだということです。それに対して最終の事実審だという意識でやらないかんという考えを実践されたと思いますが、これもしかし結構大変だったんじゃないですか。

石松：うん、これは、そうね、そんなにくそ真面目にやっているわけではないんですよ。ただしかし、方向としてはやっぱり最後の事実審だから被告人にはきちんとものを言わせるべきところは言わせなきゃいかんという気はありましたよね。特に争っている事件には通常私選弁護人がついているんだし、そんな事件は裁判所の後見的関与の必要は原則としてないんだけど、国選の事件なんかには、適切な弁護をしていない弁護人もおるし、そんな事件は裁判所が面倒みなきゃ困るんじゃないかなと思ってましたね。

安原：最高裁でしょうが、東京と大阪の証人調べとか、被告人の質問した数の多さを比較したり、それから控訴率は、大阪は高い、東京は低いと比較した数字を出してきて、圧力をかけてきたのでしょうね。東京高裁は何言っても駄目だという、弁護士が諦めちゃって、控訴しない、大阪は少し希望があるということで控訴するということが、背景のあったんでしょうね。

石松：そういった最高裁の圧力はやっぱりあったんでしょうね。陽にはあんまりないですが、陰にそういう圧力はあったと思うんですけど、そんなものもあんまり構わなかったな。あんまりそんなことには影響されていないように思いますね。もう、自分の思う通りやっているだけで。

安原：まあ、あっちと調和をとろうとか、合わせようとかいう気はさらさらなかったということですか。

石松：うん。まあ、そうですね。振り返ってみると、僕は不思議に溜まった古い事件を片づけるのに、よく動員されていたわけですよ。釧路でもそうやし大阪高裁でもそうです。釧路へ赴任した当時、まだ肺結核のため「要注意」という医師の判断が続いていた（もっとも、転勤交渉を受けた際、主治医に相談したら、寒地でも大丈夫だとは言われていましたが）こともあり、釧路に赴任させられるとは思ってもなかったですよ。さらに驚いたのは、釧路に行ったら、所長から「お前、民事やれ、常任委員会で決まっているから」と言われたんですよ。僕に民事事件の経験は一年しかないことを知りながら。その上、「民事事件は五年ほど判決をしていないから、事件が溜まっとる」と言われたのには本当にびっくりしました。

安原：民事事件ではちょっと考えられないですよね。

石松：それまで、釧路地裁は裁判官四人しかいないでしょ。それに裁判官が一人しかいない網走支部は合議事件をやってますから、北見支部の裁判官と本庁の裁判官が行って、やっと合議体が構成できたんですよ。それに、根室支部には誰も裁判官いないんで、これは必ず行ってやらないかんし。

安原：広域ですからね。

石松：裁判官が四人しかいないし、それが民事、刑事、両方分けて部の構成ができないわけなんですよ。そして家裁事件もやる。そうなると民事事件はほっとかれますわ。それとね、僕らが赴任した少し前に、所長は福島尚武さんに替わられたのですが、この人は大変真面目でよく仕事をした人なんだけど、その前の所長はね、函館の人で、ずぼらでね、自分が楽すればいいっていうようなタイプの人らしくしょっちゅう函館に帰っていた。その上金にも汚い人でね、お召し列車と職員が名づけた列車が決まっていて、それには二等車（今ではグリーン車）はついていない、それで三等車（今では普通車）に乗って往復していた（二等料金を受領しながら）というような話も聞きました。そういう人で、あとで聞いた話では、その在任中釧路地裁の職員が市の公会堂を借りて所長排撃大会をやったんだそうです。

私が釧路地裁に赴任したときには、その少し前に所長が替わられ、一般裁判官も一期から一一期まで司法修習生出身の元気の良い裁判官が六人揃い、気持ちよく仕事をすることができました。そのお蔭で古い事件も二年でほぼ処理し終えたのです。

二　大阪高裁総括裁判官（裁判長）へ

次章で述べるように、筆者は、いわゆる「司法の危機」が叫ばれた頃、具体的には昭和四四年に大阪地裁に転勤した頃から、わが国では、英米流の法曹一元は実現しそうにはなく、裁判所の民主化のためには（裁判面でも司法行政面でも）、官僚制を採るドイツやフランスのように、裁判官の自主的組織的活動が必要であると考えるようになっていた。そのため、いわゆる裁判官懇話会活動は、筆者の確固たる信念に基づく行動であった。しかし、これは、当初から、最高裁当局によって徹底的に嫌われた。裁判官懇話会の世話人をしている限り、所長にはしないと言われており、所長経験者でなければ、東京や大阪の高裁の総括裁判官にはしないとも言われていた。しかも、大阪地裁の裁判長として、いわゆる学生事件で、時に法廷で被告人が騒ぐのもある程度放置し、おそらく最高裁当局の意向に反して、警察官を一度も法廷に入れることなく長い時間をかけて被告人を説得して公判を進めた。このような諸事情から、筆者は地家裁所長にも高裁の総括裁判官になる余地はないものと考えていた。ここまで裁判官として勤務した以上、高裁の陪席裁判官として晩節を全うするつもりであった。もとより、裁判長であろうが、陪席裁判官であろうが、事件に対する判断において資格上優劣の差はない。若い裁判長のもとで陪席裁判官をするようになれば、裁判長に判決を書かせて思い切り直してやる、と言ったこともあった。なかば冗談口ではあるが、私の真意でもあった。

ところが、間もなく地家裁所長をすることもなく、大阪高裁の陪席裁判官からそのまま同高裁の裁判長（総括裁判官）になることになった。すなわち、昭和五四年初夏のころ、裁判長が退官された第五刑事部に代理裁判長として入り、翌昭和五五年一月総括裁判官の発令があり、以後平成二年三月の定年退官までほぼ一〇年間、この部で裁判長として働くことができた。このような事態になったのには、筆者が、いわば特別部の裁判長として、大阪高裁の癌と言われていた古い事件を巧みに処理したという評価が関わっているようである――私としては、与えられた仕事を誠実に処理したという思いがあるだけであるが。

それはともかくとして、現行憲法によれば、裁判官の任期は一〇年である（再任を妨げない）。判事補時代は別として、判事になれば、一〇年間は同一ポストで仕事をするのが理想であると、私は考えている。私の裁判官生活四〇年中、後半の二一年間は、大阪地裁裁判長として五年間、大阪高裁判事として一六年間勤務したが、一六年間のうちのほぼ一一年間は、同一部の裁判長というかなり理想に近い裁判官生活を送って定年退官することができたのであって、この点は心から感謝している次第である。

三　大阪高裁第五刑事部時代点描

大阪高裁における総括裁判官としての一〇年あまりの間、多数の陪席裁判官の方が交替されたが、いずれも誠実勤勉に仕事をされ、筆者としても、長い裁判官生活の中でもっとも落ち着いて仕事に打ち込めた時期であった。思い出の多い事件も少なくないが、それらをいちいち挙示してもあまり意味がないので、思いがけない機会にかつての被告人に会った事例を紹介しておくにとどめることとする。

大都市の裁判所で裁判をしていると、自分が裁判したかつての刑事事件の被告人に出くわすこと

退官直前（執務室にて、1990 年）

は、ほとんどないといって良い。筆者も在官中にかつて取り扱った刑事事件の被告人と出会ったことは一度もなかった。ところが、退官後、かつての被告人二人に出会った。というより、先方から声をかけられて、かつて筆者が判決をした被告人であったことが判明したというほうが正確である。

一つは、ある会合の席上、参加者の一人から、かつてあなたの裁判を受けたと言って一通の判決書の謄本を示された。見れば私の署名（コピー）があり、無罪判決である。筆者が大阪地裁でいわゆる学生事件で判決をした多数の被告人の中の一人であることは確かであるが、具体的な記憶は、蘇らなかった。

もう一人の場合は、たまたま電車の中でかつての被告人に出遇い、具体的に事件の内容を想起できた。この件については、さきに奈良新聞紙上に発表し、書籍にもなっている（陪審制度を復活する会編『司法の犯罪（冤罪）は防げるか——裁判員制度を検証する』（二〇一一年、奈良新聞社））が、稀有の事例なので再録しておく。

定年退官から間もないある日の夜、帰宅途中の電車の中で、四人席の一席に腰かけていると、前の席にかけている若い男がじろじろ私の顔を見るので、気色の悪い男だと思って警戒していると、その男が「あなたは、大阪高裁の判事さんではないか」と口を開いた。そして、数年前あなたの裁判を受けたと言って、一通り事件の内容を説明した。それを聞いて、私も思い出した。その被告人は、仕事は真面目にするが、酒を飲むと比較的少量で酔い、他人の家のガラス戸などを訳もなく壊す、というような程度の乱暴を繰り返す性癖があり、そのときも、酒に酔って道路脇の商店の硝子戸の一部分の硝子を蹴破った器物損壊罪で起訴され、同種の多数の前科があるため、多分一審で懲役一〇か月の実刑に処せられていた。勿論控訴理由は量刑不当だけであった。このような場合、控訴を棄却するのが通常のやり方であろうが、私どもの部では、何とかこの男の立ち直りを願い、出廷していた姉を証人として取調べ、被告人質問をした上、原判決を破棄して二か月ばかり減刑し、判決宣告の際に酒を止めるよう厳重に説諭したが、私自身出所後は絶対に酒を止めてくれと祈るような気持ちであったことを想起した。その男の説明によると、出所後は、一切酒を飲んではおらず、これから、姉のもとへ行くところである、と言い、私の下車駅で私の止めるのも聞かずに下車し、一電車遅れるのも構わず、改札口まで私を送ってきて別れた。私は、思わず爽快な気分になって帰宅した。

私は、地裁で刑事単独を担当していたときや、地裁の刑事合議部の裁判長をしていたときは、被告人質問は、原則として当事者に任せ、自らこれを行うことはなかった。しかし、高裁で執務するようになってしばらくしてから、私自身の経験に基づき、被告人質問の在り方を若干変更した。それは、量刑不当だけが控訴理由となっている事件についてのみ、裁判長自らできるだけ被告人質問をし、被告人が現在何をどう考えているかを探求し、その結果に応じて、できる限り被告人を説諭する、という審理方法を採ったことであった。

法の掲げる控訴理由のうち、法令違反・事実誤認と量刑不当とは異質のものである。前者が純粋の司法作用であるのに対し、後者は、本質的には行政作用であり裁量行為である。この両者を同一の手続で行うのには、もともと無理があり、特にわが国の現行刑法のように法定刑の幅の極端に広い法制のもとにおいてはそうである。被告人に出頭の権利を与えながら、控訴審の事後審性を徹底し、量刑不当のみを主張する被告人に対し、控訴趣意書の陳述（しかも、形だけで、実際には朗読も要旨の陳述もさせない）と検察官の一言の意見だけで審理を終わったのでは、被告人に対する教育的効果は皆無であるどころか、裁判に対する不信感を植えつけるだけである。こう考えて、私は控訴審の審理を行ったが、電車内であった元被告人の例はその成果であるように私には思われ、少々独りよがりの気味はあるが、自分のやったことに対して改めて自信を持ったことであった。

四　定年間際に発表した二つの論文について

その一つは、論文というより、講演の記録である。その起こりは、退官が近くに迫った平成元年秋のころだったように思うが、畏友下村幸雄君を通じて北海道大学法学部での講演を依頼され、それに応じて、北大までのこのこ出かけて講演をした。その速記録に若干手を入れたものが「わが国の刑事被告人は、裁判官による裁判を本当に受けているのか」という題をつけて、法学セミナー四二三号六二頁～六八頁（一九九〇年）に発表された。その内容は、題の通りで、大雑把に言えば、わが国の刑事司法においては、実質的な取調べは、捜査、特に警察での捜査の段階で完了しており、裁判所での公判手続は、極端に言えば、証拠物を含む捜査書類の公判への上程手続に過ぎない。したがって、一旦起訴されると、誤って起訴された冤罪者は、気の遠くなるような年月と労力、費用を使わなければ無実を明らかにすることができない、というような趣旨のものであった。

私とすれば、きわめて当たり前のことを述べただけであったが、マスコミにも取り上げられ、大きな反響があったようである。こんな大事なことは退職まじかになってから言わずに、もっと前から堂々と言え、というような批判もあった。ただ、私は、これくらいのことは何時でも言うつもりであったが、その機会が与えられず、何分仕事が多忙で日頃は積極的に発表することができなかっただけである。なお、現在、裁判員裁判の実施に伴い法廷への書面の証拠の提出が遙かに少なくなっているのは事実であろうが、捜査の段階で取調べが完了しておるという実態は変わらず、法廷へ提出される証拠の形態に若干の変更が見られるだけのように思われることを付け加えておく。

次は、『刑事裁判の現代的展開――小野慶二判事退官記念論文集』（一九八八年、勁草書房）に掲載された「控訴審における事実判断」である。かなり技術的な問題であるが、私は控訴審の長い経験から、控訴審で事実取調べをする以上、続審的運用にならざるを得ない、と考え、実践してきた。

最高裁の判例は、事後審説に固まったようであるが、私は、私の経験から事後審説には到底左袒しえない。ただ、それには、事実誤認を理由とする検察官控訴を禁止することが前提である。あえて再録するならば、小野清一郎博士の「刑事裁判において最も重大な事実の認定を誤ることが可能であるといふことこそは、事実問題について不服の申立をゆるさなければならない根本の理由であるのである。ことに下級裁判所が一人の裁判官によって構成される場合が相当に多いことを考えると、事実の誤認に対する救済は絶対に必要である。而して、すでに事実問題及び量刑問題について不服の申立を許す以上、単なる記録上の審査だけでは決して事態を十分に解決し得るものではない」と言う文言は、私にとって千金の重みを持つ。

第十章　裁判官懇話会

一　裁判官懇話会の発足

筆者は、判事補任官当時、わが国においても、英米式の法曹一元制が実現されるものと考えていたが、一〇年の判事補期間を終わり、昭和三五年判事に任官するころには、その実現には懐疑的になっていたように思う。その後、昭和三七年九月臨時司法制度調査会が設置され、昭和三九年八月その意見書が内閣に提出され、公表された。その意見書を読んでも、法曹一元制をあるべき一つの制度としながら、その実現の可能性については、甚だ消極的な判断をしているように筆者には感じられた。私もまた、わが国においては、近い将来において英米式の法曹一元制の実現の見通しは全くなく、官僚制裁判官制度が揺るぐことはないであろうと確信するに至った。昭和四〇年司法研修所教官となり、繁忙の実務から解放されて、多少なりとも司法の問題を広く考える余裕を持てるようになった筆者は、将来の司法について、官僚制が続くとすれば、どのようにしてその弊害を防止することができるかということを考えるようになっていた。

そのような思いを持ちつつ、昭和四四年四月大阪地裁判事に戻ったが、一方で、上述したように、いわゆる学生事件の訴訟指揮に苦闘することになり、他方で、自民党筋からの裁判官攻撃が激しくなり、福島重雄判事に対する平賀書簡問題、飯守重任論文問題等を経て、最高裁当局は、自民党筋からの裁判官攻撃に対しては一定の抵抗を示しつつも、内部的には、青法協会員と見られる最高裁局付判事補に対する脱退勧告（昭和四五年一月局付判事補一〇名青法協脱退）を始め、昭和四五年六月には、石田最高裁長官が全国長官・所長会同で、「政治的色彩を帯びた団体に加入することは、裁判官の心構えとして、慎むべきことといわなければなりません」と訓辞し、青法協会員に対する脱退勧告その他の攻撃が強められるに至った。そうした中、最高裁裁判官会議は、昭和四六年三月熊本地裁宮本康昭裁判官を再任しないことを決定した。宮本裁判官からの再三の再任要求にも、不再任理由の告知・公表の要求にも、最高裁は応じなかった。また、熊本地・家・簡裁裁判官二九名を始め全国の多数の裁判官からの不再任理由告知の要請も、日弁連総会における再任要請等の決議なども無視され、宮本康昭裁判官の行政不服審査法に基づく異議の申立ても却下された。

このような情勢下で、昭和四六年一〇月「第一回裁判官懇話会」が、東京高裁管内の有志裁判官の呼びかけにより開催された。その趣旨は、昨年来、司法の独立に関する関心が高まっており、司法の在り方について広く意見を交換し考えを深めることの必要を痛感し、横田正俊前最高裁長官及び我妻榮東大名誉教授の講演を伺ったうえ、出席裁判官の間で、裁判官の身分保障などについて意見の交換を行う、というものであった。案内状は、正式には東京高裁管内の全裁判官だけに送られたが、出席者は伝え聞いた全国各地の裁判官を含め、二〇九名に達した。裁判官がその所属裁判所を越えて他の裁判所の裁判官に公然と呼びかけて集会を開くことは、わが国の裁判史上破天荒のことであった。呼びかけを行った東京周辺の有志裁判官を支えたものは、裁判官の身分保障に対する全国裁判官の熱い思いと「司法の危機」をめぐって沸騰する世論・マスコミの論調であった、講師の我妻先生は、学者の催すこの種の会合は、一、二回は盛大に行われるものの、すぐにしぼんで消滅してしまうが、裁判官の行うこの会も同じような経過を辿らなければ良いが、というような危惧の念を示されたように思う。私は、我妻先生のこの発言を聞いて、先生の憂慮されるような事態を齎すことなく、必ず永続させねばならない心に誓ったことであった。

◎裁判官懇話会の立ち上げ

安原：裁判官懇話会の話に移りますが。昭和四六年、宮本康昭（一三期）さんの再任拒否の年に発足しています。

石松：裁判官懇話会は、まず、第一回目を昭和四六年の一〇月、その四か月後の第二回目が昭和四七年の二月に大阪で、すぐやっているんですわ。

安原：そうですね、たくさん人が来ましたし、一番盛り上がった。

安原：宮本さんが再任拒否されたのは昭和四六年の三月ですね。

石松：それで次の期にも再任拒否があるだろうと言われていて。槍玉に上がっていたのは安倍晴彦さんでした。

安原：安倍さんが一番危険だったですよね。

石松：安倍さんは一四期でしょ。安倍さんは確実だと言われていた。本人もそのつもりでおったんですよ。

安原：懇話会の世話人を引き受けたというのは、どういう考え方からですか。

石松：東京での会を続けなければ意味がないと思ってね。続けなければ再任拒否を防げないと思ったわけですわ。裁判官が集まって、裁判官自身がはっきりと意見を述べるような機会がなけりゃいかんと思ってたんです。立ち上げの講演だけじゃなしにね。だから大阪でどうしてもやらなきゃいかんという気があったんです。みなさんだいたいそうだったのでしょ。苦労したのは世話人を集めるのには苦労した。

安原：裁判官たるものはそういうことに、特に運動体みたいなことをすべきじゃないし、目先の事件で集中してそれだけやっとれば良いっていう考え方があります。それでよいかどうかという問題が大きいとは思うんですが、それについてはどんなお考えですか。

石松：僕は裁判官、裁判の独立というのは結局、裁判官個々人が孤立していたんでは、決して守れるもんではないと思っていた。もうそのときからやっぱりドイツなどヨーロッパ大陸のほうでは裁判官連盟のような、裁判官の組合的な組織があるということも耳に入っていた。英米式に徹底するならそれでも裁判の独立を守れるかもしれないけど官僚制を維持する以上、何か裁判官の連帯的なものがなければ決して裁判の独立は守れないと思っていた。特に司法行政当局からの圧力は防げないと思っていましたからね。戦前は司法省だったのが戦後は最高裁に変わっただけで、基本的な構造は変わってないんで、それをなんとかしなきゃいかんという気はありましたよね。

安原：それは結局、最後は続かなくなったということで、ちょっと残念な気持ちも書かれていますが、続かなくなった原因としてはどんなことを考えておられますか。

石松：一つはね、やっぱりわれわれのやり方がその後裁判所に入って来る若い人を対象に行動しなかったことですよね。初任の入ってくる人にすぐに働きかけなかった。あのとき研修所なり、最高裁は初任の判事補に対する教育を徹底的にやったわけでしょ。修習の心得からはじまって、裁判官たる者の心得で、令状で判断に困ったら検察官の意見に従えとかということまで言っていたみたいなんで。

そういうものに対してこっちが若い人を巻き込んで運動しなければいけなかったのをそれができなかった。なぜかっていうと、出発点が判事の再任拒否ということだったのですからね。しかし、新任拒否も問題だったんですよ。同じようにね、新任拒否が最も重要かもしれない。しかし新任拒否まで力が及ばなかった。それに手をつけていなかったっていうのが、先細りの一つの原因だと思いますわ。新任段階の問題は最高裁の思うままにやられたでしょ。

安原：あれはやりようもなかったですからね。

石松：たしかにやりようもなかったんだけど。懇話会にもう少し何とかして新任に出席してもらってやらないかんと思いながらそれはできなかった。客観的にできなかったのかもしれないんですけどね。

安原：新任教育のせいもあるし、大学の紛争なんかもない時代に生きてきた修習生が裁判官に選任される時代になり、裁判官はそんなことに口を出さずに真面目に事件だけやっていればよいというような風潮が蔓延していた。そこに運動しましょうみたいなことを言ってもちょっと誰もついてこない。今でもたぶんそうだと思いますけど。

石松：観念的な希望だけで、所詮実現はできなかったかもしれないけど。それと、懇話会が続かなかったのは、ああいう形でやれば今の情勢では仕方がないとも思いますね。

安原：そうですね。新しい会員がはいってこない。

石松：ドイツやフランスはちゃんとやっているんだもんね。われわれもなんとかして懇話会をドイツやフランスのような組織に転換させられないかと随分考えたんですが、これはできなかったですね。そうしないともう長続きしないという気は勿論ありました。

◎法曹一元

安原：今の段階で改めて懇話会のようなものへの参加を呼びかけるとすれば、どういうことを言いたいなという気持ちですか。

石松：今は、弁護士任官という問題が事態の打開を考える一つの手がかりにはなるでしょうね。弁護士から裁判官を供給するっていう、一方にそういう運動が続けられてているでしょう。しかしこれは僕がみるところによると、法曹一元の実現という見地では本当に望みのないたたかいだと思うんですよ。しかしそれをやめてしまえというわけにはいかんですよね。しかしそれをやっていても、英米式の大きな、偉大な裁判官というのを夢見ることだけで終わるような気がします。一方、そちらの方向で運動していく限りは裁判官の組合的な運動は育たないんですよね。だから大陸式でいくか、英米式でいくかっていうことで言えば、裁判官の団体的な運動をやる以上は大陸的なものを考えていかないとできないという気がしているんですが。ということは、法曹一元は無理で、弁護士任官も裁判官の団体的な活動に結び付けるべきではないかと思います。

安原：裁判所の改革の方向として、そういう法曹一元的発想では駄目ということですか。

石松：法曹一元ができるんだったら裁判官の団体はいらんですよ。僕はいらんと思ってる。しかし、その見通しは皆無ではないですか。法曹一元は、私が裁判官に任官した七〇年近く前から叫ばれていました。私もそれを信じて、判事補一〇年の間に退官して弁護士になることになるかもしれないな、という考えを持っていました。裁判所法自体そういう含みを持った法律ではないですか。しかし、司法界の基盤は、官僚制を一歩も出ていないように思われるのです。七〇年間スローガンとして掲げられながら、実現の見通しの立たない制度の成立は全く夢ではないでしょうか。

安原：韓国では、平成二三年七月に法曹一元化を決めた裁判所法が成立し、法曹一元制度が始まっています。平成二五年から平成二九年までの五年間は三年以上の法曹経歴者に、平成三〇年から二年間は五年以上の法曹経歴者に、平成三二年から二年間は七年以上の法曹経歴者に判事任用資格が認められるものとされていて、一〇年以上の法曹経歴者とされるのは平成三四年からです。それで二〇年、三〇年後には全部裁判官になるでしょうね。

石松：それができれば良いんですけど。

安原：日本でもできんことはないとは思うんですけど。

石松：僕が一番、障害になると思うのはね、弁護士として本当に裁判官になってもらいたい人が裁判官になれるかどうかの問題なんですよ。英米式ではやっぱり弁護士として尊敬される人がなっているでしょ。完全にそううまくいく制度ではないと思いますけど。やはり弁護士として尊敬される人が裁判官になってその人の言うことなら聞こうという背景のもとにこそ法曹一元は成り立つんだと思うんですよ。ところが日本では、弁護士として尊敬されるような人がなかなか裁判官になってくれないんじゃないかなっていう気がしているんですよね。それがなければ見通しは暗いと思う。

安原：理想的な制度であることは認めているということですね。

石松：理想的な一つの制度と言われながら全然進まないんです。任官運動をやっておられる方の労力は、大変だし良い方法だと思うんですけど、それが中途半端、どっちつかずになってしまってね、日本では英米式の大きな、偉大な裁判官というのは育ってこないし、逆に大陸式の裁判官連盟にみられるような、裁判官自身が研修を自らやるというようなそういう制度にもならない、そんな中途半端なことになってしまうんじゃないかなという気はするね。法曹一元の問題は、法を作るのは裁判官であるという判例法主義の英米（現在では、制定法の存在が随分拡大しているようですが）と、法の創造はもっぱら国会の権限に属し、裁判所は法の執行者である制定法主義の大陸諸国や日本という異なった法域の問題と密接に絡んでいて、そう簡単に解決できる問題ではないのではないでしょうか。

二　その後の裁判官懇話会

第一回の後、幾ばくの日時をおくことなく、昭和四七年二月大阪高裁管内の有志裁判官が世話人となって第二回近畿裁判官懇談会（仮称）が開催され、さらに、同年一〇月には、再び東京で東京高裁管内の有志裁判官の呼びかけによって第三回裁判官懇話会が開催された。これらの集会は、事実上全国の有志裁判官が集合した会合であったが、第四回の会合から、形の上でも全国の有志裁判官が世話人となり、全国の裁判官に呼びかけて開催され、名実ともに「全国裁判官懇話会」となった。以後、ほぼ二年に一回開催され、平成一八年第二〇回にまで至った。しかし、以後現職の裁判官が主体となって呼びかけ、主として現職の裁判官が参加して開催される裁判官の自主的な集会は開かれなくなった。

二〇回、三十数年にわたって開催された裁判官懇話会における講演、報告及び討論はすべて判例時報に掲載されており、うち第一回から第四回までの分は裁判官懇話会編『裁判の独立のために――裁判官懇話会報告』（一九七五年、判例時報社）と題して、第五回から第八回までの分は全国裁判官懇話会編『あるべき裁判をもとめて――裁判官懇話会報告2』（一九八二年、判例時報社）と題して、それぞれ判例時報社から出版されており、また、一八回までの全会合の概観とコメントに全懇話会の内容を収録したＣＤ－ＲＯＭの添付された全国裁判官懇話会全記録刊行委員会編『自立する葦――全国裁判官懇話会三〇年の軌跡』（二〇〇五年、判例時報社）も同社から刊行されているので、これを繰り返すことはしない。

ただ、以下懇話会を推進するに当たっての筆者の経験した若干の事柄を懇話会活動に対する筆者の基本的な見解を交えながら述べるに止める。

三　私の思い出から

1　裁判官懇話会の定着

第一回の裁判官懇話会の開催された昭和四六年一〇月は、前述したように、その年の三月宮本裁判官の再任不指名が決定されてからほぼ半年後であった。そして、最高裁当局が、宮本裁判官自身の再任指名要求も、多数の現職裁判官の不再任理由告知の要望も、すべてこれを拒否し、このままでは、このような事態が次年度以降も継続するであろうと危惧されたときであったが、この会の主要な内容は、横田正俊元最高裁判事、我妻榮元東大教授の講演であった。そのため、参加裁判官の意見交換の時間も設けられ、熱誠溢れる意見交換が行われたが、何分時間が足りず、出席者相互の意見交換、討論が必ずしも十分でなかったことはやむを得ないことであったと思われる。

第一回懇話会が開催され、裁判官の自主的会合としては、空前の盛会ではあったが、その現実的効果は計りがたく、宮本裁判官に続いて、一四期裁判官でも再任拒否が必ず行われるであろうと言われ、特定の裁判官名が囁かれるような事態が続いていた。これを阻止するためには、大阪で早急に盛大な裁判官の集会を開かねばならぬ、という機運が若い裁判官の間に起こり、筆者も勿論その必要を痛感していたので、早速その準備に取り掛かった。第一回の懇話会から幾らも経過していない昭和四六年内であったと思う。

ところで、まず困ったのは会場であった。その頃の大阪には、東京のように準公共的な会場は、甚だ少なかった。探しあぐねていると、その年に任官した二三期のある裁判官が、筆者に対して、いい会場を見つけたから、前納金を出してくれ、と言ってきた。筆者が思わず、ストリップ劇場の二階みたいなところではないか、と言ったところ、そんなところではなく、立派なところだと言う。聞けば、西本願寺別院とともに、御堂筋に甍を並べて聳える東本願寺難波別院御堂会館（通称南御堂）の講堂だという。早速行ってみると、立派な定員二百名程度の中講堂が空いていたので、早速これを借りる手続をした。

会場が確保できると、今度は世話人である。筆者らは、この集会の正式の案内状は、第一回の東京の場合と同様、大阪高裁管内の全裁判官に送付するつもりであった。そのためには、高裁判事のどなたかに世話人になってほしいが、そのときの高裁判事で世話人になっていただけそうなのは、大阪地裁上席判事（第一順位の所長代行判事）から大阪高裁に転勤されたばかりの戸田勝判事だけであった。従来大阪地裁の上席判事は、比較的大きい地方裁判所の所長に転出するのが慣例であったように思う。ところが、戸田判事は、大阪地裁上席判事当時、宮本裁判官の再任拒否の際、他の地裁裁判官とともに前記の再任拒否の理由開示を求める書面に署名された（当時、筆者らは、所長代行という立場上、署名されないよう進言したが、聞き入れられなかった）が、間もなく慣例に反して地家裁所長を経由せずに高裁判事になられた。何分その直後のことであって、世話人をお引き受け願うのは少々気が引けたが、思い切ってお願いした。北新地のある小さな店で二人だけで話をしているうちに豪雨となり、出るに出られず、夜を徹して飲んでいるうちに、未明に至って雨は上がり快晴となった。幸先よしと戸田さんも世話人を快諾された。かくして、戸田大阪高裁判事のほか、地家裁裁判官の山田鷹夫、西田篤行、西尾太郎、吉川寛吾と筆者という世話人が揃った。

そこで、第一回の集会同様、案内状を作成して正式には大阪高裁管内の全裁判官に届けることとした。そして、今回の会合も公然たる会合であるので、あらかじめ案内状を大阪高裁事務局を介して長官に提出した。すると、長官から世話人に呼び出しがかかり、西尾裁判官と筆者が長官に面会したところ、集会自体を止めるつもりはないが、案内状の配布を止めることはできないか、ということであったが、集会の趣旨を裁判官に伝えるには、この方法しかないことを申し上げて、はっきりお断りしたが、それ以上の要求は全くなかった。地裁所長にも、あらかじめ案内状を提出したが、所長からは、集会で最高裁にあてた決議をすることだけは止めてくれ、という要請があっただけであった。そのような予定は全くないからご安心下さい、と答えた。

この第二回の集会は、近畿裁判官懇談会(仮称)として、昭和四七年二月二七日に開催された。事前に筆者らが予測した参加裁判官の数は、東京の場合のように、目玉となる大家の講演はないが、大阪の方が地の利に長けているので、第一回と同数(二〇八名)程度の参加者のあることを見込んでいた。ところが、当日になってみると、続々と全国から裁判官が参集し、その数は二五五名(勿論、出席者は現職裁判官だけで部外者は一名もいない)に達し、係の者は補助椅子の持ち込みに大童となり、会場は開会前から熱気に包まれた。

この集会の目的は、案内状に記載されているように、裁判官の身分保障を始め司法に関する重要な問題に対処するため、裁判官各自が、それぞれ問題を直視し、司法の本質を深く考え、その使命を正しく理解するために、裁判官相互の間で率直に意見を交換し、理解を深め、切磋と反省の機会を持つことにあった。参加裁判官の関心が、最高裁に対し宮本裁判官に対する再任拒否について理由の開示（少なくとも本人に対する開示）を求め、以後理由を開示しない再任拒否を繰り返されないことを希求することであることは当然のことであるとしても、直接最高裁に対してその要求をするのではなく、裁判官の任命、特に再任の在り方を中心とした裁判官の身分保障について議論を尽くし理解を深めることにあった。集会は、世話人の簡単な報告の後に意見交換、討論が行われ、まことに熱誠溢れるものであったが、裁判官の会合にふさわしく上記のような線に沿った節度あるものであった。その内容は、上記の懇話会報告に記載されている通りである。この報告の原稿は、録音の反訳をもとに筆者が書いたが、まだ手書きであった。当時の私の住居であった池田市内の官舎まで原稿を取りにみえた判例時報社の方にだいぶ待っていただいた上、ようやく完成稿をお渡しすることができた記憶が残っている。

この第二回懇話会も、第一回同様、新聞各紙によって大きく報道された。そして、この集会から一〇日も経過しない三月八日最高裁は第一四期の再任希望裁判官全員の再任指名を決定した、そして、以後最高裁による理由を示さない再任拒否、青法協会員であるという以外に理由の見当たらない再任拒否は、後を絶った。それは、最高裁当局が目ぼしい青法協会員に対する再任を拒否するというようなドラスチックな手段によって裁判官に対する統制を強化することを断念したことを意味することは間違いないように思われるが、そのような方針変更には第一、二回懇話会に結集した裁判官の強い意向が影響しているものと、筆者は考えたことであった。

その後、昭和四七年一〇月二二日、東京において、第三回目の裁判官懇話会が、「裁判官の身分保障の根底にあるもの」及び「裁判官の養成をめぐる若干の問題」の二つテーマを選び、意見交換がなされた。次いで、昭和四九年二月一〇日、東京において、関東、関西の世話人が合同し、全国的規模で第四回「全国裁判官懇話会」が開催された。世話人の三井明判事の報告と関西有志裁判官による合同報告に基づき、意見の交換が行われた。以後、名実ともに、「全国裁判官懇話会」として、継続的に開催されることが定着した。

2　現職裁判官三〇〇名の集会へ

再任拒否というような劇的な問題がなくなると、多数の裁判官の関心を引く共通の司法行政上の問題を取り上げることが困難となってきた。一方、司法行政当局の柔軟かつ周到な統制政策によって、裁判官に対する官僚統制は、巣立ってくる判事補層に対するものを中心に、静かに、しかし確固として進行するようになった。こういう情勢のもとで、裁判懇話会は、ある程度の人数の裁判官の参加を確保しつつ会合を継続して行くために、「裁判そのものや裁判官・裁判所に関する身近な問題を素材として地道な討議に重点を移すようになった。」(前掲・全国裁判官懇話会編『あるべき裁判をもとめて——裁判官懇話会報告2』はしがき)。そのような線に沿って、第五回は、昭和五〇年九月一四日東京において、「適正にして且つ迅速な民事裁判」というテーマを掲げ、第六回は、昭和五二年一月一五日大阪において、「司法判断の限界」というテーマで開催された。

このように、裁判官懇話会は、裁判の独立に直結する裁判官の身分保障に対する攻撃に反発していわば期せずして発生した。ところが、二回にわたる懇話会の開催を終えた段階で、再任拒否というドラスチックな方法による裁判官に対する統制の強化は終わった。しかし、司法研修所教育、判事補任官者選別、判事補研修等の手段による最高裁当局の裁判官統制は、広範囲にわたり綿密に進められていた。これに対し、裁判官懇話会に結集した裁判官達は、このような陰に陽に進められる判事補（判事補志望司法修習生を含む）に対する統制政策に機を失せずに対応するというよりも、裁判官及び裁判に関するより基本的な問題に関心を移し、その正しい在り方を求めて自己の姿勢を正すというような方向をとった。そのような裁判官にとって基本的ではあるが地味な方向に舵が切られ、三回以降の参加者は、曲折はあるものの減少傾向をとった（第三回一六六名、第四回二〇九名、第五回二三三名）。

もっとも、第六回の懇話会は、大阪で開催された第二回目の懇話会であるが、特殊な事情もあって、やや違った会合となった。

多分昭和五〇年の終わり頃から昭和五一年の前半にかけての頃であったと思うが、東京で、昭和四八年三月三一日に定年を待たずに最高裁判事を退官された田中二郎氏からお話を聞く小人数の集まりがあり、筆者も上京してその会に出席した。その席で田中さんから、最高裁大法廷昭和四四年四月二日判決によってなされた地方公務員法違反被告事件（いわゆる都教組事件）についての判例変更の経緯（後に再び変更されたが）など、当時の最高裁における合議の状況や司法行政を含む諸般の事情について、機微にわたる事項をも含めて大変興味深いお話を伺うことができた。ただ、筆者のもとにその正確な記録がないので、その公表は差し控える。ただ、一つだけ、記しておくと、田中さんが、現役最高裁判事であったあるとき、同僚のある弁護士出身の裁判官から、「同じ左翼でも田中さんの言われることは良くわかるが、一般の左翼と言われる訴訟関係人の言うことは理解できない」と言われたことがあったが、東大教授時代には、右翼と言われていたのに、最高裁に入ったら左翼になった、と笑いながら話された。そのような雰囲気の中で、上記都教組事件の大法廷判決が形成されていった合議の過程についてのお話しは大変迫力を持ったものであった。

この会合も一つの契機となって、同元最高裁判事を懇話会の講師としてお迎えしてお話しを聴こうという機運が高まり、ご快諾を得て実現したのが第六回の懇話会であった。

同元最高裁判事を講師としてお迎えしての懇話会となると、相当多数、二〇〇名をかなり超える裁判官の参加が予想された。そこで、また会場の問題が生じた。第二回の南御堂中講堂では狭過ぎるし、大講堂では大き過ぎて費用も嵩むので困っていたところ、たまたま筆者が行きつけの北新地の小さな飲み屋でその飲み屋限りでの飲み友達になっていた大同生命の少々変わった重役の方から、俺のところのホールでどうかという話があり、行ってみると恰好のホールであったので、ご厚意に甘えて安い対価でお借りした。当日は、出席者がちょうど三〇〇名という空前絶後の数に達し、この会場をきっちり埋め尽くしたように記憶している。

ちなみに、そのころのことであったと思うが、最高裁判事の中で、このごろ裁判官懇話会にも随分裁判官が集まっているようだが、あの費用はどこから出ているのであろうか、と言った裁判官がおられるということが筆者の耳にも入ってきた。勿論、懇話会は、各地で開かれる準備会を含め、その運営は、各参加裁判官が負担する会費と判例時報に掲載する懇話会報告の原稿料だけで賄われており、他からの寄付は一切受けていないのである。この原則は、懇話会が幕を閉じるまで、厳重に守られたはずである。筆者は下劣な根性の持ち主は、下劣なことしか考えられないものだと思ったことであった。

3　分科会と全体会

第六回の懇話会の成功に伴い、非常に多くの参加者から意見・感想が寄せられた。それらを参考にして、筆者は以後の懇話会の持ち方を構想した。その構想がメモとして残されているが、それによると、懇話会参加者の意見として、実務について高度の理論的水準を保った討論を期待する声がある反面、裁判なり司法行政について平素思っていることを遠慮なく語ることができる場を設けるべきであるという希望が強かったことを受け、懇話会を分科会と全体会に分け、前者については分科会で、後者については全体会でその実現を図るということであった。この構想は、多くの方の賛同を得て、第八回懇話会から実現し、以後第一七回懇話会まで継承された。

分科会方式（正確に言えば、分科会・全体会併存方式だが）を採用するようになってから、裁判官懇話会は生き生きとしたものとなったように思われた。全国の多くの裁判官が民事・刑事・家事・少年等の分野毎に、切実な実務上の問題について周到な準備活動を行い、その上に立って行われた各分科会の成果は、最高裁当局の行う会同・研究会のそれと比較して、勝るとも決して劣るものではなかった。しかし、その盛況もそれほど長くは続かなかった。平成に入ると、参加裁判官の数は減少し始めた。すなわち、平成元年二月一一日京都での第一二回懇話会は、第一回懇話会で横田正俊元最高裁長官に講演をお願いして以後、初めて裁判官出身の最高裁判事の谷口正孝氏を講師として迎えて行われた。それでも参加者は、第一一回より六名多い一六八名に止まり、平成一八年一一月二五日開催の第二〇回懇話会では、現職裁判官四二名までに減少した。そして、講師・来賓以外は、すべて現職裁判官という原則を維持してきた裁判官懇話会は、その幕を閉じることとなった。

四　裁判官懇話会の経過と反省

1　経過

裁判官懇話会が発足した第一回、第二回のころ、少なくとも筆者にとって、それは、司法に対する立法・行政権力の不当な干渉、司法部内における司法行政権力の不当な裁判干渉に反発して自然発生的に出現した裁判官の運動としてしか理解されていなかった。当時、すでにわが国において、英米式の法曹一元の裁判官制度が確立されることは絶望的ではないかと、筆者は考えるようにはなっていた。そして、大陸的官僚制的裁判官制度のもとにおいては、裁判官にも組合その他の団体活動が必要ではないかというような発想も若干芽生えてはいた。しかし、わが国において、どうすれば裁判官の民主的な組織を作り、実質的に裁判の独立を達成することができるか、ということについて具体的な成案を得ることはできていなかった。

裁判官懇話会が我妻先生の予言したように単発的な集会に終ることなく、数回にわたって継続的に、そして全国的規模で開かれるようになってから、筆者も裁判官懇話会を裁判官によって組織される民主的な、常設的な団体に発展させることはできないか、という密かな希望を抱くようになった。そして、第六回の大阪において講師として田中元最高裁判事を迎えての懇話会が、参加者三〇〇名（判事八七名、判事補二〇七名、簡裁判事六名）に達するという大成功を収めた。参加者の意気は大いに上がったが、筆者もまた希望を含まらせることとなった。

そして、前述したように、以後参加者が三〇〇名に達するようなことはなかったが、分科会・全体会方式が採用された昭和五八年九月の第七回懇話会以降、しばらくの間、生き生きとした懇話会が続いた。しかし、それは長くは続かなかった。出席裁判官数をみても、昭和六一年の第一一回には一六二名となって二〇〇名を割り、谷口正孝元最高裁判事を迎えて関西で開催された第一二回（平成元年二月一一日開催）も参加者は一六八名に止まり、しかも、その内訳は、判事一二〇名、判事補四七名（うち、未特例は僅か一八名）、簡裁判事一名であり、かつて判事補が主体であった参加者の状況は完全に逆転し、以後衰退の一途を辿った。

2　衰亡の原因と反省

一時裁判官の自主的運動として上昇を続けるかに見えた裁判官懇話会がやがて衰亡の悲運を味わうことになった原因は何でろうか。

その衰亡の状況は、若い裁判官の参加者の減少に象徴されている。では何故若い裁判官の参加者が減少、激減したのであろうか。まず、考えられるのは、最高裁当局が司法研修所教育や判事補研修を通じて行った裁判官志望の司法修習生及び判事補に対し、徹底的な骨抜き教育が行われたことである。具体的に言えば、わからないときは、先輩裁判官＝裁判長の言う通りにしておけ、判例があれば何も考えずにそれに従っておけ、検察官の主張に従っておけば間違いはない、等々というような教育が公然と行われていたようである。勿論、裁判官懇話会などには目もくれるな、というようなことらしい。そして、思想信条を理由としか考えられない新任判事補の任官拒否が相次いだようだ。このような動向は、第一一回ないし一二回懇話会開催の頃に頂点に達したようである。筆者の経験したことで次のようなことがあった。それは多分懇話会の準備会の席上でのことであったと思うが、筆者が、何かの話のついでに裁判の独立の重要性に触れたことがあった。すると、任官したばかりの判事補から、今頃裁判の独立などと言っても、誰からも相手にされませんよ、と言われて愕然としたことがあった。

このような教育を受けている判事補達に裁判官懇話会は、全く無力であった。もともと裁判官懇話会は、その発足の機縁が当局の不当な再任拒否に対する抵抗にあった。前述したように、第七回から分科会・全体会方式を採用してから、前述したように、かなりレベルの高い議論が分科会で行われる一方、全体会は、諸事情から時間も少なくなり、判事補層の問題提起に対しては一応聞きおくというようなことで終わってしまい、当局の反動的な対裁判官政策に対し、有効な対策を立て得ないまま推移したと言って良いであろう。この点、裁判官懇話会において、当局の司法修習生及び判事補対策に対し、ほとんど対抗し得なかったことは何と言っても遺憾なことであった。

しかし、学生運動が荒れ狂った後、そこから学んで司法改革を進め、大きな成果を挙げたと思われるヨーロッパ諸国の司法界、特にドイツのそれ（木佐茂男教授の研究――「開かれた親切な裁判所と行動する裁判官――最近の西ドイツ司法事情(1)〜(20)」判例時報一二六四号〜一二九三号（一九八八年〜一九八九年）、後に『人間の尊厳と司法権』（一九九〇年、日本評論社）に纏められた）と異なり、わが国の学生運動が政界・司法界の反動化を残しただけに終わったという情勢下で果たして何ができたであろうか。勿論、最高裁当局が、再任拒否というようなドラスチックな手段を捨て、司法修習生や判事補に対する「骨抜き」政策にいち早く転換し、司法行政当局に従順な後継裁判官の養成に努めたのに対し、裁判官懇話会運動が、分科会に重点を置くいわゆる実務路線を採り、ほとんど抵抗らしい抵抗をすることができず、若手裁判官の参加者の激減、期によっては皆無というような事態を招き、消滅するに至ったのは、失敗であったと認めざるを得ないようにも思われる。そして、筆者にとって、裁判官懇話会の消滅は、何と言っても痛恨の事態であった。しかし、一方、司法行政当局の採った具体的政策のもとで、われわれ現場裁判官で何ができたであろうかと考えると、裁判官懇話会の歴史は、現場裁判官の民主化運動としてできる限りのことをやったという意味で、日本司法史上に輝かしい一頁を残したとも思われる。その正確な評価は、今後の司法の歴史に待たざるを得ないであろう。

裁判官懇話会の運動が、それに続いた司法改革に如何なる影響を及ぼしたかを検討し、将来の展望を開いて行くことは、喫緊の課題であろう。しかし、すでに老耄の筆者にその力はない。ただ環直彌、小野慶二氏らすぐれた多数の裁判官の知遇を得たことに感謝するのみである。

第十一章　弁護士としての網田さんと筆者

一　弁護士としての網田さん

網田さんは、昭和三八年四月一日退官後、間もなく弁護士登録をされ、大阪弁護士会所属の弁護士となられ、平成元年一〇月一七日逝去されるまで弁護士をされていた。

網田さんは弁護士になられてからも、元気に活躍されていた。いくつかの著名事件の弁護も引き受けられたように思うが、筆者は、その状況を正確に把握していない。

何人かの方が弁護士になられてからの網田さんについて語られたり、網田さんと対談されている資料が筆者の手許にあるが、その内容は、主として裁判官時代の網田さんであり、弁護士としての網田さんの業績を伝える資料は筆者のもとにはほとんどない。

網田さんが弁護士をされていた間、筆者は、昭和四四年四月に大阪地裁に転勤し、約五年後の昭和四九年五月大阪高裁に転勤し、以後約一五年間大阪高裁に勤務していたが、平成二年三月定年退官した。

この間、網田さんは、時折筆者の執務室に顔を出して、雑談をしていた。別に述べたように、筆者は、自分の部の法廷に立ち会っている検察官、特に専属の検察官が用もなく裁判官室に入って雑談することは禁じていた。これは、法廷外弁論をする危険性が高いからである。筆者は、事件に関する打ち合わせは、ほとんど公判廷で行い、やむを得ず法廷外で行う場合も、検察官・弁護人同席の上で行った。しかし、それ以外の訪問者に対しては、原則として、すべて開放していた。建物の部分的完成に応じて使用していった新庁舎では、来訪者は、すべて書記官室を通すことになった。筆者の方針の変わらないことは、主任書記官に伝えてあったが、現実には入りにくくなったのか、新聞記者の出入りなどは、めっきり少なくなった。このような移り変わりのもとでも、網田さんは、「この頃は敷居が高くなってのう」などと言いながら良く出入りされていた。

網田さんが八〇歳を迎えた際、筆者が世話役となり、傘寿のお祝いをした。その頃までは大変お元気であったが、多分その頃であったと思うが、網田さんは、長年住み慣れた高石市の旧国道二六号線に沿った自宅を去り、令婿広川浩二宅に同居されるに至った。新居のことに話が及んだとき、新居では、小便をした都度、水を流すと勿体ないので、そのままにしておくと娘が臭いと言って怒るんや、と笑い話をされたのが印象に残っている。八〇歳を超えてから、網田さんも次第に弱られ、事務所に出られても、静かに読書されていることが多くなったようである。ちなみに、安木、辛島両氏らが網田さんからお話を伺って録音したのは、大部分が網田さん七五歳から七六歳のときであり、一部は、八〇歳から八一歳のときであった。

波瀾万丈の中で、信念を曲げずに裁判官生活を送った網田さん、ご自身の言葉を使わさせていただけば、その波瀾を真実一路に乗り切られた網田さんは、やはり裁判官生活で精根を使い果たされたように、筆者には思われる。退官後の弁護士生活では、余生を楽しまれていたようにお察ししていた。そして、安らかに真実一路の人生を終わられた。

二　弁護士としての筆者

1　筆者は、男子一生の仕事というような気負った気分で裁判官になったわけではない。裁判官しか適当な仕事がなかったからに過ぎない。ただ、裁判官として仕事をする限り、全力を傾けたつもりである。

筆者が中学時代二〇〇坪ぐらいの畑で野菜作りをしていたことはすでに述べた。そして、筆者の通った大分県立中津中学（旧制）は日豊線の多分立石駅の近くや耶馬溪の青の洞門の近くに学校林を持っていて、われわれ生徒は、春、夏の休みに雑木林の伐採、杉・檜（檜の苗に裏表のあることは勿論教えられていた）の植林に従事させられた。そして、手入れの行き届いた美林と荒れた山との区別が多少ともできるようになった。そのころ、誰が書いたものか全く忘れているが、農業経済の時代には、山林の荒廃は一国の経済の衰退を意味する、というような文章を読んで、山林の荒廃が国の衰亡を来すのは、工業経済のもとでも同じだと考え、将来は山林経営の仕事をしたいものだと考えていた。

しかし、筆者は、前述したように、父のことをも考え、結局一回だけは文科を受験したところが、予測がはずれて合格し、毒食えば皿までもというわけで裁判官になって定年まで働いた。司法研修所に勤務しているとき、農林省に一〇年ばかり勤務した後、司法修習生になった東大農学部出身のH君に、「俺は定年退官後、山に木を植える仕事をしたい、その折には適当な働き先を探しておいてくれないか」と頼んでいた。同君がどのように判断していたかはわからないが、「承知しました」と答えてくれた。少なくとも、筆者はかなり本気であった。ところが、大変元気そうに見えていた同君が夭折したため、この話は実現不能となった。

同君が亡くなったのと前後ははっきりしないが、筆者は、昭和五四、五年頃の夏、長野県東筑摩郡山形村字清水高原に土地とささやかな山荘を持った。その経緯はこうである。「裁判官は、自宅を持つべきだ、裁判所と官舎の間を公用車で通っていたのでは、世間知らずになって疎な裁判はできぬ」というのは、司法修習生の頃から聞いていた網田さんの言葉であった。筆者は、それを肝に銘じて結婚後間もなくから、公営の安価な宅地の販売に申込みを続けていたがなかなか籤には当たらなかった。そのうちに宅地債券が公団によって販売された時期があり、それは、数年間（筆者の購入し現住宅地の場合は五年）特定の宅地と関連する宅地債券を購入すれば、そのほぼ倍額の価格で宅地が購入できるというような制度であった。昭和三九年ころ応募して（無競争当選）購入を始め、結局、二〇〇万円ぐらいで和泉市内に約一〇〇坪の宅地を取得することができ、昭和四七年四月最も安価なプレハブ住宅を建築し（安価ではあったが、まだ当分使用に耐える）ここに居住した。思っていたより随分安価に建築できたため、共済組合から借りた資金はそのまま手許に残った。それから、一〇年近く後、あまりに暑い夏、手許に若干の余裕もできたので、長野県から上記土地を購入し、間もなく山荘を建てた。標高一二〇〇メートル、夏は大変涼しいところなので、避暑地としても登山の基地としても随分利用したが、退官後ここを利用し、山形村の森林組合ででも働かしてもらおうか、という魂胆もあった。

ところが、定年退官後、山で働くには運転免許を取らねばならぬし、いろいろの準備もあると考え、とりあえず弁護士登録の申請をしていたところ、まだ登録もできるかできないうちに、脱税事件二件の弁護を依頼され、お引き受けしてしまった。それに万一のことを慮って弁護士登録前に民事調停委員に選任してもらっていたところ、私の不手際から忽ち多数の事件を割り当てられ、退官早々から、繁忙な生活を余儀なくされ、自動車運転免許を取得して、少しでも山林緑化に尽くそうという私の希望は夢に終わってしまった。ここでもまた、自然の流れに身を任せてしまった。もっとも、弁護士として働くことになった以上、少なくとも主観的には、手を抜くことなく、業務に集中したつもりである。成果を得ることができたかどうかは別として。

2

裁判官から弁護士になって、戸惑い、抵抗感はなかったかということをよく聞かれたが、正直に言って、前述の山に木を植えたいという少年時代の夢から遠ざかる以外に、弁護士になることについては何の抵抗感もなかったし、弁護士になってからも、抵抗を感じたことはなかった。筆者は、裁判官時代から、刑事裁判官の仕事の核心は、検察批判であると考えていた。ところが、現実の刑事裁判官の中には、裁判官・検察官同一体の原則（筆者は古くからそう呼んでいた）とでもいうような検察官との一体感を持っている人があった。このような感覚の裁判官が弁護士になれば、その仕事に違和感を感じるのは当然であろう。が、裁判官任官当初からこのような考えからは決別していたつもりである筆者にとってはこのような違和感は無縁のものであった。立場に違いはあるにしても、等しく無罪の発見を使命とする刑事裁判官から刑事弁護士に転職したのであるから、それほどの違和感を感じる筈もなかったのである。

3　もっとも多少の戸惑いを感じたことはあった。

(1)　まず、警察署留置場・拘置所における被疑者との接見である。筆者も、これまで全く関係のなかった被疑者に対し、一回や二回短時間接見しただけで、十分な意思疎通ができるなどと考えていたわけではない。しかし、実際に被疑者と接見してみると、特に依頼されて受任し当初から信頼関係のある被疑者の場合は別として、国選弁護の場合など、そのような信頼関係のない拘束中の被疑者との間に信頼関係を築くことは、筆者が在官中に予測していたよりも遙かに困難なことであった。被疑者と接見者とが完全に遮断された部屋に分かれて位置し、両者の遮蔽物が透明であって相互に視認することができるといっても、会話は、遮蔽物に作られた幾つかの小さな穴を通して行うのである。しかも、接見時間の長さは、捜査官の取調べ時間の長さの足もとにも及ばない。思えば意思の疎通が困難なことは、当然のことである。そして、そのようなことは、在官中から観念的にはすべてわかっていたことである。でも不肖の筆者が、在監中の被疑者・被告人との接見による意思疎通の困難さを実感するのは、退官して実際に弁護活動を行うのを待たねばならなかった。

(2)　裁判官として仕事をしていると、自分や自分の属する部でやっていることと他の裁判官ないし裁判所のやっていることの間に多少の違いはあるだろうとは考えるが、それほど大きな違いはないだろうと思い勝ちである。

かつて、網田さんは、こう語っていたことがある。在官中は自分の属していない他の裁判所（部）では、多少の違いはあっても、自分の部でやっていることとそれほど違わないことをやっていると考えていたが、弁護士になって、下から裁判所をみると、部によって甚だしい違いがあることを知って驚いている、というのである。網田さんからそういう感想を聞いていた筆者は、そういうこともあろうと思っていたが、いざ実際に自分が弁護活動をやってみると、部による事実認定及びその評価についての姿勢の違いは、筆者の想像を越えたものであった。在官中は、他の部の事件などあまり気にしていなかったというのが、真相であるためかもしれない。弁護士になってみると、およそ無罪の判決はしたことがないというような姿勢の裁判官の数は以外に多い。「疑わしきは被告人の利益に」原則に忠実な裁判官は、むしろ希少の存在になっているように思われるようになった。何分少数の事件しか取り扱っておらず、しかも事実認定に争いのある事件は、ほとんど他の弁護士との共同弁護であるという筆者の経験にどれだけの価値があるか疑問であるが、退官後一〇年ぐらいの間は、かなりの数の無罪判決や不起訴処分を経験することができた。しかし、それ以後は、下級審で無罪の判決があっても上級審で取り消され、無罪の判決が確定した例は極めて少数であるように記憶する。お前が耄碌したのだろうと言われれば、それまでだが。

(3)　裁判官から弁護士になって多少の戸惑いはあっても、前述した通り、筆者は、従来の姿勢を基本的に変える必要を感じなかった。うろ覚えのことで申し訳ないが、かつて裁判官出身の最高裁判事で、退官後弁護士となり報酬をもらって被告人の弁護をすることを良心を売ることのように言われた人があったように思うが、筆者にはそういう思いは毛頭なかった。

ただ、刑事弁護士のベテランのなかには、依頼を受けた被告人が真実無実と思い込むことができなければ、本当の無罪の弁論はできないと言われる人が多いように思う。しかし、筆者にとって、依頼された被告人が真実無実であるかどうかは神のみぞ知ることであり、人間でできることは有罪の証拠があるかないかの判断であった。有罪の証拠がない以上、すべて無実であって、真っ白の無罪と灰色の無罪を区別することを刑事裁判に求めてはならないことは、裁判官をしていても、刑事弁護人となっても、筆者の一貫した姿勢であったつもりである。そして、そのために刑事弁護をおろそかにしたこともないつもりである。ただ、筆者の心身の最も充実していたのは、やはり裁判官時代の後半であって、弁護士になってから、主観的に力を抜いた思いは全くないが、加齢による心身の衰えは覆うべくもなく、そのために依頼者にご迷惑をかけたとすれば、申し訳ないことだと思っている。

第十二章　余論

安原：ここからは、本書であまり触れられていないテーマについてうかがいたいと思います。

一　陪審裁判を復活する会と裁判所主導の捜査に

安原：まずは、陪審制度に関して、です。「陪審制度を復活する会」の活動をされていますね。

石松：はい。ご承知の通り、日本には戦前、陪審裁判制度があった。その陪審法は、第二次世界大戦中施行停止になったが、戦後再試行されることになっている（陪審法の停止に関する法律）。ところが、昭和二二年の裁判所法施行の際には、陪審法は再施行されず（刑事訴訟法の改正さえ間に合わず、陪審法の改正には勿論手が回らなかった）、裁判所法三条三項に「この法律の規定は、刑事について、別に法律で陪審の制度を設けることを妨げない」と規定し、同法の審議に当たり、衆議院の特別委員会において、「陪審制度に関しては、単に公判陪審に止まらず、起訴陪審をも考慮すると共に、民事に関する陪審制度にたいしても十分なる研究を為すべし」という付帯決議がされたに止まった。そして、陪審法の改正再施行は、永く放置されたままになっていた。そして、陪審制度復活の声が高まると、その要請は曲げられて、陪審制度とは似て非なる裁判員制度が作り上げられた。しかも施行停止中の陪審法と上記「陪審法の停止に関する法律」は、これをそのままにしておく、という異常な状態で、裁判員制度が強行されました。これが現段階の状況です。私は、裁判員制度には勿論反対ですが、今直ちに裁判員制度廃止を主張するのではなく、将来、必ず裁判員制度の欠陥が明らかにされ、かつて実施されていた陪審制度を復活させることができる（勿論、現行憲法と刑事訴訟法に適合するように改正されて）ものと信じています。老齢のため、「陪審制度を復活する会」の代表世話人は退きましたが、以上の気持ちは全く変わりません。かつて昭和初期に行われた陪審裁判の結果は決して間違いではなかったと思っています。

安原：調書裁判とか捜査官の自白偏重など偏った今の刑事訴訟法をなんとかしなきゃと考えておられる中から、どういう制度改革が一番いいと思いますか。

石松：それはね、僕は捜査の在り方を完全に変えなきゃいかんと思っている。刑事裁判では裁判所主導のもとにというか、裁判所の監督下でというか、裁判所の関与のもとで捜査が進められるのが基本じゃないかと思っているんですよ。

安原：刑事訴訟法はそういうのを想定していますね。

石松：現在の刑事訴訟法だってそうですし、旧刑訴法も勿論そうですからね。警察、検察が他の機関による拘束を受けずに捜査を実行してその結果が裁判の結果にかなり大きな影響を持っているという制度は間違いだと思っている。令状主義という捜査に対する拘束が全くといって良いほど機能していないのがその大きな原因ですね。

安原：どういうふうに変えなければならないと思いますか。

石松：雑な起訴をせよと言ったら怒られるんだけど。勾留期間なんて、今行われているように被疑者を警察に戻して警察官が調べる期間じゃないんですよね。裁判官のもとに引致し、裁判官が被疑者を勾留したら、以後被疑者の身体拘束についての責任は、すべて裁判官（起訴後は裁判所）が負うことになっているわけなんですね。ところが、実際は、起訴前の被疑者の身体拘束の責任は、あたかも検察官にあるかのような取扱いが行われ、それにつれて、本来起訴・不起訴決定のための考慮期間である起訴前の被疑者勾留期間が、あたかも被疑者取調べのための期間であるかのように運用されていることはご承知の通りです。刑訴応急措置法時代、起訴前の勾留期間は一週間ですからね。一週間ぐらいにまず短縮して、延長はなしにすることが必要ですね。証人は法廷で証人尋問すれば良いわけです。どうしても証言を保全しておく必要があれば、裁判官（所）に対する証人尋問の請求制度（刑訴法二二六条、二二七条）を利用すれば良いわけです。警察官や検察官の調書が幅を効かせて証拠能力を持つという運用はやめなきゃいかんと思う。裁判員裁判では、調書の取調べは数量的には激減しているのでしょうが、取調べの実態は旧態依然で、必要な検察官調書・警察官調書は何時でも証拠調請求できるように準備されているでしょう。旧刑訴法時代だって、警察・検察の調書は今よりずっと証拠能力を制限されていました。勿論予審がありました。もし、予審が、捜査の下請け機関に堕することなく、条文に書いている通り公判を開始すべきかどうかを決め、公判に付する必要のないものは免訴にするという予審の機能を発揮したら予審というのはそう悪くはないと僕は思っているんです。

安原：司法省の管轄の人事権を握られたなかでの予審判事ですと捜査官の代替みたいになっちゃって、独立した存在でなくなる。

石松：戦前は司法大臣に人事権を握られたなかの予審だったですからね。それで予審が検察官の監督のもとに置かれている感じを持たれていたようですよね。僕が修習生のときに、ある検察教官が自分の経験を話した。それは労働組合の委員長かなんか労組関係者が検挙され、その関係者が検察庁に釈放を要求してきたときに、検事が予審判事を指揮して調書をとらせたというようなことを言っていたという話をし、一般にはその程度の知識しかないという話をされたことがあったが、私は、むしろ検事が予審判事を使って調べさせるという実態があったんじゃないかなと思いますね。予審判事の調書は、無条件で証拠能力を持っていましたから。

安原：独立性が真に守られれば予審判事でも別に悪くないと思いますが。

石松：だから、戦後、新しい制度になるときに予審もちゃんと改革すれば良かったんじゃないかという気がしてるんですよ。少なくとも旧法下の予審判事の権限を、裁判官の令状を条件に警察官、検察官に付与するより良かったのではないかという気がしますね。しかし予審はなくなりましたからね。ドイツもフランスも今は、ないんでしょうか。

安原：ドイツは廃止されましたが、フランスはありますね。

石松：まだあるんですか。フランスは予審が好きですからね。

安原：フランスは判事が捜査しますから。ただ、あれはかなり恣意的になるという批判がありますね。

石松：だから、証拠収集を警察・検察に任しっぱなしにしたらいかんというのが基本的な考え方なんですよ。旧刑訴では押収、捜索、証人尋問、鑑定等強制処分のできるのは予審判事ないし区裁判所判事だったんです、ほとんどの場合ね。それが予審制度がなくなったので、捜査官の権限を強化活用しなきゃいかんというのが新刑訴法ができたときの捜査官側の、検察、警察側の強い主張だったんですよ。それで裁判官の令状さえもらえば、警察官・検察官ですべての強制処分ができるようになるとともに、刑事訴訟法一九八条、二二三条のような取調規定ができているんですよね。

安原：石松さんのお考えと平野龍一さんがいう要するに当事者主義徹底しようという考えと共通するところがありますか。客観的証拠を集めたら起訴しろということです。弁護側は弁護側で独自に証拠収集をして、その結果裁判所が判断するという。それとはまた違うんですか。

石松：平野さんの考えと共通する面はあると思います。法廷で実質的に取り調べた証拠によって判断しなきゃいかんっていうことです。捜査の段階で散々調べ上げておいて、今は調書をつくらないかもしれないけど、やはり徹底的に調べているんでしょう。そのうえで、公判を迎えるんじゃなしに公判で最も新鮮な証拠調べをする必要があるんじゃないかというのが僕の基本的な考え方なんですよ。

二　裁判員裁判

安原：次におうかがいしたいのは、裁判員裁判の問題です。裁判員裁判に問題があるということを言っておられるんですが、裁判員裁判の結果、いわゆる刑事裁判に市民が参加するようになったこととか、そのために調書の利用が減っているとか、あるいは可視化が必要だという議論がでてきたり、刑事裁判に一定の変化が起きていますが、その点はどう評価されますか。

石松：一定の進歩があることは認めますよ。それは当然だと思うんで。多くの事件で多数の裁判員が入ってね、変わらなかったらおかしいんで。

安原：そこは評価されるとなるとどこが一番問題なのですか。

石松：一番問題っていうのはやっぱり警察、検察庁における捜査が証拠収集の結果が最後まで支配しているんじゃないかなということを僕は考えるんですよ。

安原：例えば最高裁が主導で、いわゆる自白事件には被告人質問で本人の弁解ははっきりするんだから、わざわざ自白調書なんか採用して調べる必要ないというような取り扱いを今は徹底しようとしています。現場の裁判官や検事は抵抗しているみたいですけど、そういうふうに調書をできるだけ使わず、法廷で本人から直接聞くというスタイルになりつつありますが。

石松：それは一つの進歩だし、当然のことだと思うんですけど。調書を使わないけれども実質的には警察、検察庁での長期間の取調べが公判に及んでいるんじゃないかと思いますね。それに、公判で否認した場合、調書は全然使わないかといったら、そこはどうなんですか。

安原：どうしたって供述書面の採用というのは減っていますよね、わからないですからね。だからある程度客観的な証拠を集めてやらなきゃいけないというのが方向性としてはあると思うんですよね。捜査官側もぎゅうぎゅういわして自白をとったり、あるいは証人にある程度のストーリーを覚えこませて送り込んでも反対尋問で崩れる可能性もある。じゃあ二号書面が簡単に出せるかというと、二号書面の審査はかなり厳しくなってるという。

石松：それは認めますよね。しかしそれは今の刑事訴訟法の解釈、正しい解釈に近づいてきたというだけです。

安原：実はそうですね。本来はそうですが、実態は違っていた。

石松：起訴前の捜査機関が四〇日も使う、今四〇日使っているでしょう、殺人なんかでは。まず死体遺棄で二〇日間、殺人で二〇日間使う、四〇日も使って調べていて、それは調書にはとっていないかもしれないけど、その上にできた供述ですからね。

安原：そういう調書に頼ると、裁判員裁判が持たないということで、なんとか客観的証拠、例えばＤＮＡだとかなんかいろんなものを探そうとしているというのはあると思うんですよね。

石松：それはある。

安原：今までは調書を出せば済んでいたわけですよね。裁判官はみんな信用してくれるから。

石松：その限度で裁判員裁判がある程度動かしてきた。訴訟法を動かしてきているのはその通りだと思いますよ。ただ陪審にならないとそこは徹底しないというのは僕の考え方なんですよ。

安原：裁判員裁判の場合、裁判官が評議のときに、何を言うかわかんないですからね。

石松：そして、公開の法廷の場で裁判員に対する説示の内容がはっきり示されなければなりません。陪審員に対する説示ですよね。その内容をはっきりさせてそのうえで裁判員だけがきちんと合議をして、結論を出す、そこにいくべきです。それに、一定の重罪事件についてだけ、起訴事実に争いのない事件まで強制的に裁判員裁判の対象とし、量刑判断まで裁判員にさせるのは、基本的な誤りです。

三　刑事裁判官の醍醐味と刑事弁護士としての経験

安原：これもうかがっておきたいのですが、刑事裁判官の喜びというか醍醐味を聞かれたらどういうふうに答えますか。

石松：やっぱり無罪判決でしょうか。すきっとした無罪判決を出せたときが一番の喜びですな。

安原：考えたぬいた末に出せれば、すきっとしますからね。

石松：それと、僕は一つ経験があるのは不起訴処分を獲得したことがあるんですよ。

安原：弁護士としてですか。

石松：弁護士としてです。その事件では二〇日間の起訴前の勾留期間中、毎日接見に行ったんですよ。日曜日は二回行っているんですよ。日曜日が一番危ないですからね。僕は無実を確信していた事件ですが、会社関係の事件で多くの関係者との関係で、もうちょっとで陥落しそうになったけど、陥落せずに不起訴になった。

安原：それは退官後の話ですな。

石松：退官後の話です。在官中に関与した判決で公刊物に登載された判決・決定六四件の件名・要旨が、『刑事裁判の復興――石松竹雄判事退官記念論文集』（一九九〇年、勁草書房）巻末に掲げられていますが、これらの裁判には、それぞれ想い出がありますが、その中で最も印象深いのは、大教祖勤評反対闘争事件の判決ですが、これについては、本文中にも触れていますので、ここで、繰り返すことはいたしません。

ただ、この登載裁判のうちには含まれていないが、記憶に残っている事件の一つについて触れておきます。それは、私が昭和四三年から同四四年にかけて、大阪地裁で単独事件を担当しているときに判決した事件で、ある週刊誌に多分「夫婦で無罪になる方法」という題名で揶揄的に書かれたものです。現在私のした判決の原稿も関係資料も手許に見当たりませんので、細かい点まで正確なことは申し上げられませんが、事件の大略は以下の通りです。

事件の内容は、婚約中の二人の男女が乗車して普通乗用自動車を運転中に起こした業務上過失傷害事件です。事故現場で現行犯として処理された事件であったと記憶していますが、当初二人とも女性のほうが運転していたと供述していたが、間もなく捜査段階で男性のほうが運転していたと二人の供述が変更され、男性が起訴され、私の掛に配付されました。公判では、今度は女が運転していたという主張がされました。審理の結果、私は、どちらかといえば男が運転していた蓋然性が高いとは思いましたが、男性を有罪と認めるだけの高度の蓋然性はないとして無罪の判決をしました。勿論検察官は控訴しました。私の考えは、二人のうちのどちらかが運転していたことは絶対に間違いないが、そのいずれが運転していたかについて、一方が運転していた蓋然性が高いが、有罪とするに足る真実性に極めて接近した高度の蓋然性までは認められない場合、どういう判断をすべきかについて控訴審の明確な判断を求めたかったのです。換言すれば、甲乙二人のいずれかの犯行であることは絶対に間違いないが、二人のいずれの犯行であるか、有罪の認定に必要な高度の蓋然性の程度までは認められない場合、どちらか一人を有罪とするためには、その人物について有罪認定に必要な高度の蓋然性が必要なのか（場合によっては二人とも無罪になる）、それとも二人について証拠の優劣を比較し、有罪の蓋然性（有罪らしさ）の程度の高いほうを罰すれば良いのか、どういう判断をすべきかという問題について上級審の判断を求めたかったのです。夫婦や婚約者のような場合であれば、後者の考え方でも良いが、単なる友人関係や会社の従業員関係のような場合には、それでは困るのではないか、という思いがありました。ところが、控訴裁判所は、男のほうが運転していたことについては、これを有罪とするに足る高度の蓋然性をもって認定することができるから、一審判決には事実誤認があるとして、一審判決を破棄差戻し、事実認定の問題で解決しました。私はそこまで断定的に認定するだけの証拠はないと考えたのですが、結局私の判決は週刊誌の笑い話の種になるだけに終わりました。

四　妻のこと

安原：奥さんについてお話しいただければと思いますが。

石松：女房はね、なるべく勘弁してください。

安原：石松さんは九州男児ですから、やっぱり網田さんじゃないけど、ちょっと、女性を押さえつけるとかあって奥さんは相当苦労したと思うんですが。

石松：現行憲法下で結婚したのでそんなことはありません。女房の育った家庭は、ある意味では民主的なインテリ家庭ですが、ある意味では旧式な家庭だったようです。父親がドイツ語の教師でね。日本のドイツ語教育の草分け時代の人です。旧制第四高等学校を出て東大独文を卒業後すぐ四高教授になったようです。

安原：そこの娘さんということですな。

石松：そこの本当の子どもではないんです。育てられたのは養父母で、実父は、この父親の弟で実業界にずっとおった人なんだけど、その奥さんすなわち実母が女房を産むとすぐに病死したので、物心のつかぬうちに、実父の兄のもとに預けられ、養子縁組にいたったようです。ずっとそういう状態で過ごしていますから、今でも養父母が父母であり、養父母の一人の男の子が実兄であるような感情で過ごしているようです。それで、女房の家庭も、私のそれも、共に下級武士の出で、ともに亭主の仕事に女房は一切口出ししないという雰囲気に育っているんです。

一遍だけ婚約時代に、前に話した僕が大量保釈したときの次席検事と僕の談話を記載した小さな欄の新聞記事、切り抜いて持ってたんですよ。もう今はないんですが。そのときだけはまだそういう関心を持ってたけど。もう結婚してからは僕のやることに対して一つもなんか言ったことはないわ。転任はそれほど嫌っていた様子はなかったように思います。もっとも後半の二一年間は、ずっと大阪勤務ですから転勤の経験はそれまでです。司法研修所勤務が終わってから大阪の池田の官舎にに入ったんですよ。そしたら、奥さん同士の話で「お宅の主人何しているの。今どんなお仕事ですか」って聞かれても「さぁなんですかね、この頃毎日出て行きますけど」って言ったということです。そのときは令状部にいたもんだから、一日置きじゃなく毎日出ていましたからね。そういうぐらいでおよそ亭主の仕事には関心がなかったようです。

安原：それで石松さんが結構自由にいろいろ行動できたし、仕事ができたという点では助かったんじゃないですか。

石松：それは非常に感謝しています。僕が裁判長になるとか所長になるとか長官になるとかそんなことには全く関心がない。ただ良心に反するような行動はとってもらいたくないという気はあったでしょうね。

安原：奥さんは法律問題に関心がないわけではなくて、検察審査会委員をされていますね。元検察審査委員の全国大会に出て来て、松山なんかでお会いしたことがあるんですが、関心あるんですよ。直接言うかどうかは別としてね。

石松：いや、関心はなかったのです。ところが検察審査会委員候補に偶然当選したんですよ。

退官後、妻とオーストラリアへ

安原：積極的に出て行って。

石松：裁判官は勿論欠格なので、最高裁の刑事局長が同期だったので刑事局長に手紙出して聞いたんですよ。「僕の女房が検察審査員に当たったんだけど、やめたほうが良いのかな」と。そしたら局長からは「それはもう大いにやってもらいたい」という手紙がきたんですよ。それで説明会に出たところが、出席者が少なかったらしく委員になったんです。事件は任期の一年間で一回もなかったらしいです。たまたまなかったみたいです。ただ集まってしゃべっているうちに面白がって行きだしたんです。任期終了後は検察審査協会員としてずっと行ってましたよね。

安原：全国大会に出られるぐらいですからね、口に出して言うかどうかは別としてかなり関心を持たれていたと思うんですけどね。

安原：ところでお見合いだったんですか。

石松：見合いです。僕は結核だったし、結婚はどうしようかなと無理かなと思っていた。
安原：奥さんも迷ったんじゃないですか。
石松：結核で良いかと聞いたら「良い」とはっきり言ったんですよ。
安原：それは一番大きいですね。
石松：ただもうそのときはストレプトマイシンを使って、治るという見通しが完全についていたときなんですよ。
安原：それでもね。奥さんのほうから見れば、ちょっと決断いりますよ。

五　大阪弁護士会九条の会

安原：最後に「平和問題」ということで、大阪弁護士会の九条の会の代表呼びかけ人になっておられます。
石松：なっていましたね。
安原：会の発足のときのあいさつじゃないかと思いますが、学徒動員とか兵役を経験されたということが、現在の平和主義という姿勢に影響していると話されていますが。
石松：僕は人間としてそう進歩がないもんだから、昔言うことと今言うことはあまり変わらんですわ。
安原：この会の発足は平成一六年です。九条の会が始まってすぐの頃じゃないですか。

石松：うん、すぐのころ。

安原：それから一〇年ばかり経ちましたが、今の雰囲気というんでしょうかね。九条が危ないというようなことをいわれる時代にどのようなご意見を持たれていますか。

石松：安倍首相は困ったものですね、本当にちょっと。日本の国会をさしおいてアメリカで集団的自衛権の行使を約束してきたんでしょう？

安原：そうですね。アメリカ議会でね。強引に。

石松：国会を無視して、アメリカ行って約束してくるなんて、そんなことをしてはいけないですよ、第一、基本的に考え方間違っているなぁ。

安原：売国的ですよね。

石松：売国だ、まさに。集団的自衛権の行使の容認を強引に国会で通そうとして、それに寄って行く自民党の連中もだらしないと思うけど。誰か一人ぐらいはたしなめてほしい。

六　林業への思い

安原：一番最後に石松さんが書かれている林業、杉の苗を植えたり。あれはなんですか。

石松：僕は子どものころから畑を、農業をやっていて。

安原：農業はわかる。林業は？

石松：中学時代にね、植林をやらされてね。その経緯は、よくはわかりませんが、ある財産家が所有する山林の一部を中学校に寄付し、われわれ生徒が春休みと夏休みにそこに出かけ、指導を受けながら、雑木林の伐採、焼き払いをし、その跡に檜や杉の木を植える作業をマムシにおびえながらやったわけです。檜の苗に裏表があって間違えると木がねじれてくることなどまず教えられたことです。余談ですが、戦後旧制中津中学の後身中津南高校が二度にわたって火災に遭った際、その復興にわれわれの植えた植林が随分役に立ったという話を聞いたことがあります。それに僕の親父の実家が山の奥で、多数の親類が平野部と山地に散在しており、戦時中から戦後にかけて、よく米をもらいに出かけていましたので、農林業は私にとって甚だ身近な存在なのです。誰の文章か覚えていないけど、中学生のころ「封建時代には山林の荒廃することは一国の経済の衰退の現象だ」と言う意味の文章を読んで、封建時代ばかりではない、資本主義の現代においてもその言葉は通用する思った記憶があります。

安原：農業経済論かなんかのあたり？

石松：中学時代ですから、そんな難しい本ではありません。読んだんだけど、覚えていないいんですよ。資本主義時代、工業経済の時代になったら、そういうことはないというのが一般の考え方なんだけど、山林が荒廃するということは国土の荒廃であってね、人間の生活の基本を脅かすもんだと思っているんですよ、僕は。それで山に木を植える仕事をしたいというのが中学時代からの念願なんです。

安原：畑が好きで、野菜とか植えて収穫するということと、林業とは違う気が。林業が好きなんですか。

石松：それはちょっと違いますけど、山野に植物を育てるということでは共通していますね。基本的には、山に木を植えるということが一番好きだったんですよ。

安原：普通、小さいころに畑仕事とか林業とか親しんでも都会出てもう長年経つとね、忘れるじゃないですか。昔はこうだったなぁというだけ。まだ思っているんですか、なんでですか。

石松：それは、山林が荒廃するのは一国の基本的なものの、一国そのものの荒廃の問題だと思っているからですよ。日本の山林は今ずいぶん荒廃していますよ。それで水害が起こる、するとダムを作るが、すぐに土砂に埋まって無駄なことになる。それよりも山林を経営したほうが良いんで。

安原：それを石松さんが言われるというのが不思議ではある。

石松：でもそれをずっと思っている、僕は。理科に行って農学部に行きたかった。だけど親父も弱ってきたし、親父の言うことを一回だけ聞いておこうと文科の試験を受けたら通っちゃった。その後、退官したら、なんかそんな仕事ができないかなと思って、研修所で私が担当したクラスの修習生で農林省林野局にいたことのある人に頼んでいたんだけど、その人は早く亡くなっちゃって、そのつてはなくなったんです。その後、清水高原というところですけど、乗鞍岳の遙かなふもと、標高一二〇〇メートルぐらいのところに山荘を建てました。

安原：夏は涼しくてね、もう何回も行かせてもらって。

石松：そこにふとしたことでそこに別荘を建てたんです。そのときにはそこを根拠に山に木を植えるということは考えず、避暑地、子ども・孫らの集合場所、それに登山の基地に使おうと思って建築し、現にそのように使っていました。だけど辞める前になって、所在地の山形村の森林組合で仕事はないかなと思ったこともあったが、一時的と思っていた調停委員や弁護士の仕事に追われ、運転免許を取る時間さえなくなっちゃったんですよ。

あとがき

本書を書き終わってみると、裁判官定年退官後、直ちに弁護士活動を始めた私は、すでに四半世紀に及ぶ弁護士経験を有するにもかかわらず、裁判官在官中の記載に比較して、弁護士登録後の記載が非常に少ない。これは、以下のような理由に基づく。

まず、私は、弁護士登録後、刑事弁護委員会など弁護士会の会務に多少関わったことはあったが、弁護士として携わった主な仕事は、本来の弁護士業務、それも刑事弁護に特化していた。したがって、弁護士経験を語るとすれば、いきおい担当した刑事弁護事件について語らざるを得ない。となると、有罪判決が確定した場合は勿論、無罪判決が確定し、あるいは検察官の不起訴処分によって終結した事件についても、被告人・被疑者その他の関係者の了承を得なければならず、また、筆者が私選弁護人として担当した刑事事件は、すべて他の弁護士との共同弁護の事件であったため、それらの弁護士の了承をも得なければならないが、これは老人の筆者にとっては荷が重い。これが第一の理由である。

第二に、筆者は人間が少々お目出度くできているようで、頼まれると何でも引き受ける性癖があるようである。若いころから出席させてもらっていた刑事訴訟法研究会や在官当時から関わっていた裁判官懇話会などは別として、退官後も新たに、陪審制度を復活する会、速記官制度を守る会などに関わってきた。それに、個人的な趣味として人形浄瑠璃「文楽」、囲碁（あまり打ってはいないが）、登山（生死をかけて登るのが登山であるという説に従えば、私のは山歩きに過ぎないが）、それに登山のために始めたランニング（今だに細々と続けているが、フルマラソンを走ったのは四、五〇回ぐらいか）などにも時間と労力を使った。しかし、これといって奥儀を極めたものは全くない。少年のころから親しんだ野菜作りと山林の育成にも意欲はあるが、結局何もできずに終わる。万事中途半端である。本職である刑事弁護活動もその例に洩れないような気がする。自分としては、弁護活動に際し、多忙ではあっても殊更に手を抜いた覚えはない。しかし、客観的に見れば、在官時代のように、受任事件の弁護活動や弁護士会の会務に熱中できたかと問われると、いささか覚束ない。端的に言えば、語るほどの仕事はしていないように思われる。これが第二の理由である。

最後に、稿を終えるに当たって、若干の感想を記しておきたい。

筆者は、大正一四年三月二八日生まれである。太平洋戦争終結の昭和二〇年八月一五日には満二〇歳と四か月余に達していた。すなわち物心がついてから成人に達するまでの期間がすっぽりいわゆる一五年戦争の期間に当てはまる。その間、小学校入学の頃には、まだ大正デモクラシーの残照があったように思うし、旧制高校時代には、少しは先哲の書にも触れ、人間と社会について思索することもあったが、所詮幼少の頃から成人に達するまで軍国主義のもとで育てられたことに間違いはない。
戦後、私が復員したのは、たしか昭和二〇年九月一五日であったと思う。その日早朝には、枕崎台風が上陸しており、駐屯地の門司市内部崎灯台の近くの山上を出発したときにはすでに雨が降っていた。若干の荷物を担いで門司港駅に着き、日豊線の列車で中津駅に到着して自宅に向かったころにはかなりの風雨になっていた。枕崎台風のあれ狂う中の一夜であったが、父母、妹とともに無事を喜び合った。

大学途中からほぼ一年の勤労動員生活と軍隊生活を経験した筆者には、もうかつての天皇制国家の再建に協力する意志は消失していたが、さてそれではどういう国家社会を構想するか、と言われても、復員後当分の間は、その日暮らしの生活に追われてまとまった考えは出てこなかった。とにかく昭和二〇年のうちに、一度上京して復学を届け出たが、東京に長く滞在して大学に通うというような余裕は全くなかった。郷里の実家には、海外から引き揚げた親族のものが一時は二〇名以上も同居し、その人たちの食糧の確保に奔走せざるを得ないことになって走り回った。

このようにして、戦前の桎梏から解放される一方で、食うや食わずの窮迫した生活を送る中で、暫く暗中模索の生活が続いた。その間の生活と精神の動きを書き残しておけば良かったと、今では思うが、日々の生活に汲々としていたことと、ある事情で戦中から日記を書くことを断念していたことのため、この間の生活と心の変遷について正確な記憶も記録も残っていない。そのような状態で、時々刻々変わる時潮のもと、精神的に右往左往していた筆者が精神的なよりどころを得たのは、昭和二一年三月六日政府によって発表された憲法改正草案要綱だったと思う。周知のように、この憲法改正草案要綱は、それに先立つ同年二月一三日、GHQから政府に渡されたいわゆるマッカーサー草案とほぼ同文のものであったが、政府は、マッカーサー草案をそのまま発表することを躊躇し、これを秘した上、天皇の勅語とともに、政府がGHQと緊密な連絡をとって作成されたような形式とって発表された。しかし、その内容をみれば、その直前発表されていたいわゆる松本草案とは異質のもので、少なくともGHQの要求が強く織り込まれていることは、誰の目にも明らかであった。

当時、筆者はまだ大学在学中（もっともほとんど出席はしていなかったが）であったが、この憲法草案要綱に接して、混沌たる気分を一掃され、大にしては日本国の、小にしては私自身の進路に一条の光を見出したような思いに浸った記憶が残っている。そして、間もなく、主権在民、戦争・戦力の放棄、基本的人権の尊重を核とする日本国憲法草案に心酔するに至ったように思う。そして、日本国憲法の制定・施行を経て、その考えは、今日までいささかも変わっていないつもりである。しかし、その後の歴史は、しばしば日本国憲法の精神と規定を無視して進行してきた。筆者もその時流に流されて、心ならずも、妥協的な姿勢に堕したのではないか、という不安は拭い難い。しかし、年齢も九〇歳を超えた今、戦後七〇年の来し方を顧みて、大きく堕落して節を屈した思いのないことは、何よりも幸福である。これも拙い私を導き支えて下さった多くの先輩、同僚、後輩諸氏のお蔭に他ならないと自覚し、謝恩の心を失わずに余生を送ってあの世に旅立ちたいと思っている昨今である。

子供夫妻と孫に囲まれて（1996年1月）

ここまで書いてきて少々未練がましいが、一言触れて謝意を表しておきたい気持ちになったことがある。筆者は、在官中から今日まで、前述の大阪刑事訴訟法研究会に出席させていただき、計り知れない多大の学恩を受け、私の法曹生活を支えていただいた。従って、この研究会のことは、ある程度詳しく書かねばならぬとも思ったが、何分この研究会で、私は、早くから関わっていたものの、教えられただけでこれと言った貢献もしておらず、関係資料の整理もしていないので、本文中で格別触れることはしなかった。この会は、私が神戸在勤中に発足したと思う。発足に当たっては毛利与一・佐伯千仭両先生が音頭をとられ、研究者としては、平場安治さん、高田卓爾さん、実務家として、佐々木哲蔵さん、西尾貢一さん、網田覺一さん、青木英五郎さん、最も若いところで児島武雄さんらが参加者であったと思う。目的は、実務と学理の交流、切磋琢磨であった。私も名だけは連ねていたように思うが、何分そのころはまだ一人前の健康体ではない上、神戸地裁では民事事件を、次いで堺支部では少年事件を担当し、さらに釧路に転勤したため、何度か出席したことはあるように思うがはっきりした記憶がない。継続して出席するようになったのは、釧路から大阪に転勤し、網田部の陪席裁判官をするようになってからである。その後は、井戸田侃・下村幸雄・石川元也・光藤景皎・鈴木茂嗣・松岡正章・小早川義則らの方々を始め、それ以後の若い方々を含む多くの方々が参加され、今日に及んでいる。この研究会について残念なのは、現職の裁判官の出席が甚だ少なく現在ではゼロであることである。現職の裁判官で、継続して出席していたのは、前述の児島・下村両元裁判官と私までであったと思う。その後何人かの現職裁判官が出席されたが長続きしなかった(これには、転勤という問題があって本人の責任ではないことが多かったと思う)。かつて、毛利先生は、しばしばこの研究会を、「鹿ケ谷の陰謀」に例えて話されていた。諧謔を楽しまれていた先生のことであるから、その真意は必ずしもはかりがたいが、この研究会は、裁判所の一部からは、「鹿ケ谷の陰謀」視されているが、君らは、それを承知の上で出席しているのであろうな、ということを警告されていたようにも思われた。しかし、この研究会は、鹿ケ谷の陰謀まがいの会合とは全く縁もゆかりもない極めて真面目な実務と学理の双方に立った程度の高い研究会である。もう私には、若い裁判官との接点はないが、ひそかに若い裁判官のこの研究会への参加を望んでいる次第である。なお、先般、私の卒寿記念ということで、大阪刑事訴訟法研究会でシンポジウムを開いていただいた。その録音データに基づく報告が、辻本典央近畿大学教授のご尽力により「近畿大学法学」六三巻三・四号（二〇一六年）に掲載されている（辻本典央・大阪刑事訴訟法研究会編「石松竹雄先生卒寿記念シンポジウム（二〇一五年六月二〇日）」）。

本書の刊行は、本書冒頭に記載したように、辛島宏、安木健両弁護士の網田覺一元判事を慕う真情から出発した。その後、長い年月と紆余曲折を経た上、多くの方々のご尽力によって、このような形の一書として刊行することができることとなった。本書冒頭に記載したように、当初、網田さんご自身の語る骨太の自伝を出版する目的であったのが、結局私の拙い自伝の中に網田さんのそれが取り込まれ、矮小化されてしまったことは、まことに申し訳なく、残念至極というほかない。でも、安原浩元裁判官の巧みな対話によって、ある程度内容のある書物となり得たことは無上の喜びである。

日本評論社社長串崎浩さんを始め、奈良沢佳人さん、武田彩さん、木下沙綾香さんから手厚い援助をいただいた。本書が日の目を見ることができたのは、全くそのお蔭である。また本書は、尊敬する友である守屋克彦さんが理事長をされている「特定非営利活動法人 刑事司法及び少年司法に関する教育・学術研究推進センター」より発行し、日本評論社より販売していただくことになった。心より御礼申し上げる。

二〇一六年五月晴れ（梅雨晴れ）の日、泉州信太山の居宅にて

石松竹雄

特定非営利活動法人（NPO法人）

刑事司法及び少年司法に関する 教育・学術研究推進センター

Education and Research Center for Criminal Justice and Juvenile Justice

略称：刑事・少年司法研究センター（**ERCJ**）

入会のお願い

本NPO法人は、刑事司法と少年司法が適正かつ健全に運営されるためには、学術的にも、実務的にも、長期的な展望と広い視野に基づいた研究や提言が必要な時代が到来しているということを踏まえて、刑事司法および少年司法に関わる教育と学術研究の振興を目的として設立されました（2013年６月20日認証）。

本NPO法人は、以下のような取り組みを行います。

(1) 研究会活動：刑事司法、少年司法に関する研究会を定期的に行う。

(2) 啓蒙活動　：具体的なテーマ（たとえば、裁判員裁判）での講演活動を行う。

(3) 顕彰活動　：優れた研究、研究成果や教育成果に対して、顕彰する活動を行う。

(4) 広報活動　：ＨＰや広報紙などを通じての広報活動を行う。　など

◆理事（順不同）
守屋克彦【理事長】（元裁判官、弁護士）、齊藤豊治（弁護士）、
石塚章夫（元裁判官、弁護士）、川﨑英明（関西学院大学教授）、
村井敏邦（一橋大学名誉教授）、安原　浩（元裁判官、弁護士）、
大出良知（東京経済大学教授）、後藤　昭（青山学院大学教授）、
土井政和（九州大学教授）、白取祐司（神奈川大学教授）、
四宮　啓（弁護士）、串崎　浩（(株)日本評論社）

◆監事
神山啓史（弁護士）

ぜひ、本NPO法人の設立趣旨と活動内容にご賛同いただき、会員になっていただくようお願いいいたします。
※なお、入会金、会費は下記口座にお振り込みいただき、下記申込書をFAXにてお送りください。

【入会申込書】

☐ **正会員になります。**

正会員	入会金1,000円・年会費2,000円	（計　3,000円）
団体正会員	入会金1,000円・年会費2,000円	（計　3,000円）

☐ **賛助会員になります。**

賛助会員	入会金1,000円・年会費2,000円	（計　3,000円）
団体賛助会員	入会金5,000円・年会費30,000円	（計 35,000円）

☐ **寄付をします。**　（　　　　円）

■ご住所　〒

■お名前（フリガナ）

■連絡先　（　　　）　　■メール

■ご職業

■銀行口座■ みずほ銀行
大塚支店（店番号：193）
口座番号：普通　2225049
口座名義：特定非営利活動法人
刑事司法及び少年司法に関する
教育・学術研究推進センター

FAX：03-6744-0354

刑事司法及び少年司法に関する
教育・学術研究推進センター
http://www.ercj.org/
Education and Research Center for Criminal Justice and Juvenile Justice
170-8474　東京都豊島区南大塚3-12-4
(株)日本評論社内
TEL：03-6744-0353（FAX：0354）
Mail：ercj@ercj.org

【石松竹雄（いしまつ・たけお）経歴】

1937年4月大分県立中津中学校入学、1941年3月同校四年修了、同年4月第五高等学校入学、1943年9月同校卒業、同年10月東京帝国大学法学部入学。

1946年9月同学部卒業、1947年12月高等試験司法科試験合格、1948年3月司法修習生（2期）。

1950年4月大阪地裁判事補、1953年4月神戸地裁判事補、1957年1月大阪地家裁堺支部判事補、1960年4月釧路地家裁判事、1962年3月大阪地裁判事、1965年4月司法研修所教官、1969年4月大阪地裁判事、1974年4月大阪高裁判事、1990年3月定年退官。

同年5月弁護士登録（大阪弁護士会）、現在に至る。

【安原　浩（やすはら・ひろし）——インタビュアー略歴】

兵庫県生まれ。1966年東京大学法学部卒業、20期司法修習生。

広島地裁判事補を皮切りに、各地の裁判所に勤務（主として刑事裁判担当）。1981年から1985年にかけて大阪高裁で石松コートの左陪席、1993年神戸地裁姫路支部で部総括判事、2005年広島高裁岡山支部長、2007年松山家裁所長、2008年6月定年退官。

同年11月弁護士登録（兵庫県弁護士会）、現在に至る。

日本刑法学会会員。

■ERCJ選書1■

気骨《きこつ》——ある刑事裁判官《けいじさいばんかん》の足跡《そくせき》

二〇一六年九月一〇日　第一版第一刷発行

著　者——石松竹雄、インタビュアー　安原　浩

発行者——特定非営利活動法人　刑事司法及び少年司法に関する教育・学術研究推進センター

発売所——株式会社　日本評論社

〒一七〇—八四七四　東京都豊島区南大塚三—一二—四

電話：〇三（三九八七）八六二一

https://www.nippyo.co.jp/

印刷・製本——倉敷印刷　株式会社

装　幀——百駱駝工房

DTP——ギンゾウ工房

ERCJ

検印省略　

ISBN978-4-535-52204-6　Printed in Japan

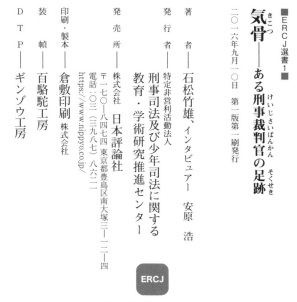